AF245743

L'HOMME
DE METZ

ALBERT ALEXANDRE

DIRECTEUR DU JOURNAL LA VÉRITÉ

CINQUIÈME ÉDITION

BRUXELLES

OFFICE DE PUBLICITÉ

RUE DE LA MADELEINE, 46.

BRUXELLES	LILLE
AU BUREAU DU PETIT JOURNAL	AUX BUREAUX DE LA VÉRITÉ
26, rue de l'Écuyer.	48, rue Esquermoise.

1870

L'HOMME DE METZ

I

Après Sedan, Metz !

Après Napoléon, Bazaine !

La Prusse a fait aujourd'hui plus de trois cent mille prisonniers français.

L'homme de Sedan en a livré 80,000, et Bazaine près de 180,000 à Metz, à Metz-la-Pucelle qui vient de voir trois maréchaux de France et 6,000 officiers se rendre et l'ennemi acheter 53 aigles et drapeaux, 541 pièces de campagne, 800 canons de forteresse, 66 mitrailleuses, 300,000 fusils et 2,000 fourgons.

Bazaine était l'espoir suprême; Bazaine, maréchal de France et non maréchal de l'Empereur, ainsi que l'écrivait dernièrement son frère afin de protester contre les soupçons trop justifiés aujourd'hui, qui commençaient à naître contre l'ancien chef de l'expédition du Mexique, Bazaine a laissé réduire ses soldats par les maladies et la famine au lieu de rejoindre d'abord Mac-Mahon, préférant une capitulation honteuse longuement préparée, et dont l'horreur doit faire frémir tout honnête homme, à une trouée héroïque, à un de ces efforts désespérés qui sont les ressources suprêmes des vaillants et des cœurs loyaux !

L'ordre général à l'armée du Rhin annonçant la capitulation, restera cloué au pilori de l'histoire, comme l'acte le plus infâme qui ait jamais été posé par un maréchal de France.

Voici ce document honteux : nous le publions afin de propager l'écœurante indignation qui doit remplir toute âme noble et patriotique, à la lecture de cet ordre sans nom.

ORDRE GÉNÉRAL.

Nº 12.

A L'ARMÉE DU RHIN.

« Vaincus par la famine, nous sommes contraints de
« subir les lois de la guerre en nous constituant prison-
« niers. A diverses époques de notre histoire militaire,
« de braves troupes, commandées par Masséna, Kléber,
« Gouvion Saint-Cyr, ont éprouvé le même sort, qui

« n'entache en rien l'honneur militaire, quand, comme
« vous, on a aussi glorieusement accompli son devoir
« jusqu'à l'extrême limite humaine.

« Tout ce qu'il était loyalement possible de faire pour
« éviter cette fin a été tenté et n'a pu aboutir.

« Quant à renouveler un suprême effort pour briser les
« lignes fortifiées de l'ennemi, malgré votre vaillance et
« le sacrifice de milliers d'existences qui peuvent en-
« core être utiles à la patrie, il eût été infructueux, par
« suite de l'armement et des forces écrasantes qui gar-
« dent et appuient ces lignes : un désastre en eût été la
« conséquence.

« Soyons dignes dans l'adversité, respectons les con-
« ventions honorables qui ont été stipulées, si nous vou-
« lons être respectés comme nous le méritons. Évitons
« surtout, pour la réputation de cette armée, les actes
« d'indiscipline comme la destruction d'armes et de ma-
« tériel, puisque, d'après les usages militaires, places et
« armement devront faire retour à la France lorsque la
« paix sera signée.

« En quittant le commandement, je tiens à exprimer
« aux généraux, officiers et soldats, toute ma reconnais-
« sance pour leur loyal concours, leur brillante valeur
« dans les combats, leur résignation dans les privations,
« et c'est le cœur brisé que je me sépare de vous.

« Le maréchal de France commandant en chef,

« BAZAINE. »

C'est au Mexique, patrie du traître Lopez, que Bazaine aura appris à rédiger de semblables proclamations et aura puisé le triste courage de les faire exécuter.

Jamais un fait semblable ne s'est accompli, et l'homme de Metz invoque en vain les noms glorieux de Masséna, de Kléber et de Gouvion Saint-Cyr : Lopez ne peut pas se comparer à Turenne.

Non, jamais une place forte défendue par 180,000 hommes n'a capitulé.

Sedan a plongé le monde entier dans une stupeur profonde, et cependant il y avait là le faux César, l'homme du 2 décembre, le prétendu neveu de son oncle, l'exploiteur de la France, le jongleur du suffrage universel.

Metz anéantit les imaginations.

Un seul cri s'échappe de toutes les poitrines, et ce cri est un cri d'horreur.

Tel maître, tel valet!

Guillaume III lui-même proclame que depuis l'existence de l'antique race des Hohenzollern jamais fait semblable ne s'est accompli.

Voici la dépêche qu'il a envoyée à la reine de Prusse, le 30 octobre 1870.

DÉPÊCHE DU ROI A LA REINE.

« Le grand événement que les deux armées ennemies, « qui en juillet se trouvaient en présence de nous, sont

« maintenant prisonnières, m'a fourni l'occasion de nom-
« mer les deux commandants de nos armées, le prince
« Frédéric et le prince Frédéric-Charles, feld-maré-
« chaux. *C'est la première fois que ce cas se présente*
« *dans notre maison.* »

Le général de Moltke n'est pas oublié.

Il est comte !

Et la France vaillante, la France héroïque lui
dit : « Le général sur qui nous comptions, même
après l'expédition du Mexique, vient d'enlever à
la patrie en danger plus de cent mille défenseurs.

« Bazaine a trahi, il s'est fait l'agent de l'homme
de Sedan, le complice de l'envahisseur et, au mépris de l'honneur de l'armée dont il avait la garde,
il a livré, sans même essayer un suprême effort,
cent mille combattants, vingt mille blessés, les
fusils, les canons, les drapeaux, et la plus forte
citadelle de la France.

« Un tel crime est au-dessus même des châti-
ments de la justice.

« Il est temps de nous relever, et c'est sous
l'égide de la république que nous sommes décidés
à ne laisser capituler ni dedans ni dehors, et à
puiser dans l'extrémité même de nos malheurs le
rajeunissement de notre moralité, de notre virilité
politique et sociale.

« Nous sommes prêts aux derniers sacrifices :

en face d'ennemis que tout favorise, jurons de ne jamais nous rendre.

« Tant qu'il restera un pouce du sol sacré sous nos semelles, nous tiendrons ferme et glorieux le drapeau de la révolution : notre cause est celle de la justice et du droit.

« Ne nous laissons ni alanguir, ni énerver ; prouvons par des actes que nous voulons, que nous pouvons tenir de nous-mêmes l'honneur, l'indépendance, l'intégrité, tout ce qui fait la patrie libre et fière.

« Vive la France ! vive la république une et indivisible ! »

Le 2 septembre et le 29 octobre resteront pour la France les dates les plus néfastes de son histoire. Tout le prouve, chaque minute apporte contre l'homme de Sedan et contre l'homme de Metz des témoignages écrasants, des preuves terribles, et cependant l'un rêve sa restauration à Wilhemshœhe, et l'autre répond aux accusations terribles qui pèsent sur lui, par la lettre suivante :

Cassel, 2 novembre 1870.

« En arrivant à Cassel où nous sommes internés par l'ordre de l'autorité militaire prussienne, j'ai lu votre *Bulletin* (partie politique) du 1er novembre, sur la convention militaire de Metz et la proclamation aux Français de M. Gambetta. Vous avez raison, l'armée n'eût pas suivi un traître, et, pour toute réponse à cette élucubration mensongère afin de continuer à égarer l'opinion publique, je vous envoie l'ordre du jour adressé à l'armée après les décisions prises à l'unanimité par les conseils de guerre des 26 et 28 octobre, au matin.

« Le délégué du gouvernement de la défense nationale ne semble pas avoir conscience de ses expressions ni de la situation de l'armée de Metz, en stigmatisant la conduite du chef de cette armée qui, pendant près de trois mois, a lutté contre des forces presque doubles, dont les effectifs étaient toujours tenus au complet, tandis qu'elle ne recevait même pas une communication de ce gouvernement, malgré les tentatives faites pour se mettre en relation. Pendant cette campagne de trois mois, l'armée de Metz a eu un maréchal et 24 généraux, 2,140 officiers et 42,350 soldats atteints par le feu de l'ennemi.

« Se faisant respecter dans tous les combats qu'elle a livrés, une pareille armée ne pouvait être composée de traîtres ni de lâches. La famine, les intempéries ont fait seules tomber les armes des mains des 65,000 combattants réels qui restaient (l'artillerie n'ayant plus d'attelages et la cavalerie étant démontée) et cela après avoir mangé la plus grande partie des chevaux, et fouillé la terre dans toutes les directions pour y trouver rarement un fatal allégement à ses privations.

« Sans son énergie et son patriotisme, elle aurait dû succomber dans la première quinzaine d'octobre, époque à laquelle les hommes étaient déjà réduits par jour à 300 grammes, puis 250 grammes de mauvais pain. Ajoutez à ce sombre tableau plus de 20,000 malades ou blessés sur le point de manquer de médicaments, et une pluie torrentielle depuis près de quinze jours inondant les camps, et ne permettant pas aux hommes de se reposer, car ils n'avaient d'autre abri que leurs petites tentes.

« La France a toujours été trompée sur notre situation, qui a été constamment critique. Pourquoi? Je l'ignore, et la vérité finira par se faire jour. Quant à nous, nous avons la conscience d'avoir fait notre devoir en soldats et en patriotes.

« Recevez, etc.

« BAZAINE. »

Pour un homme tel que vous, accusé aussi gravement que vous, Maréchal, cette défense est bien molle. Allons, décidément vous courbez la tête et nous vous disons :

— Au nom de l'Europe indignée, au nom de votre alliée d'aujourd'hui : la Prusse, qui a mis ses gants pour toucher votre main, au nom de la France courageuse, défendue par ses honnêtes enfants, au nom de la justice, de l'évidence, au nom de la vérité, Maréchal, vous en avez menti!

II

Bazaine s'engagea en 1831. Il avait alors vingt ans, l'ardeur de la jeunesse, l'amour du métier des armes, la volonté de parvenir et une bravoure réelle dont il devait donner promptement les preuves les plus éclatantes. Un an après il passa en Afrique, recherchant toutes les occasions de se distinguer. Ses efforts furent couronnés d'un plein succès. Quatre ans après avoir mis le pied sur le sol africain, Bazaine fut nommé lieutenant, et par un acte d'héroïsme avait mérité sur le champ de bataille la croix de la Légion d'honneur.

Cette première partie de l'existence militaire de Bazaine fut des plus glorieuses. Le présent était rempli de promesses et l'avenir devait paraître aux yeux du jeune lieutenant comme une suite certaine de succès et de récompenses. Bazaine eût sans doute frémi d'indignation s'il avait appris à ce moment qu'un chef français se fût conduit comme il vient de le faire à Metz.

Il est vrai qu'on était alors en 1835, qu'un gouvernement honnête était établi et que la gangrène impériale, qui semble avoir atteint tous les hommes qui ont approché de près l'homme de Sedan, n'était pas encore à craindre.

Cette démoralisation qui vient en trois mois à peine de conduire la France à deux doigts de sa perte et qui fait qu'en ce moment encore, malgré la honte dans laquelle le bonapartisme tout entier s'est plongé, ce hideux parti spéculant sur les désastres qu'il a engendrés espère encore follement rétablir la régence : cette démoralisation était inconnue, improbable. On ne pouvait supposer déjà que le triste héros de Strasbourg et de Boulogne tiendrait un jour le sceptre et s'imposerait, sur les ruines d'une république trop improvisée, à la France et au monde.

L'honneur militaire était intact, la discipline observée, le patriotisme solide. Les guerres d'Afrique préparaient aux luttes de l'avenir ces vaillants soldats soumis et courageux qui s'illustrèrent en Crimée et dont les dernières phalanges écrasèrent l'Autriche à Magenta et à Solférino.

Bazaine fut nommé lieutenant-colonel en 1848. En 1850, on lui donna le commandement de la légion étrangère et en 1854 il partit pour la Crimée. Tous les détails de cette difficile campagne sont encore trop présents à la mémoire pour que nous les relations longuement ici.

Le hasard semblait servir admirablement Bazaine en prévision des événements qu'il devait diriger dans la guerre actuelle, en le rendant témoin

oculaire de la belle défense des Russes à Sébastopol où leur chef, le général Totleben, accomplit,
de l'avis unanime, de véritables prodiges. Combattre un tel ennemi pour celui qui devait être un
jour bloqué dans Metz par le prince Frédéric-
Charles, était une école qui, si Bazaine était resté
le brillant soldat de l'Afrique et de la Crimée, aurait dû lui être des plus profitables dans la lutte
dont il est sorti maudit par le peuple, condamné
par le monde entier.

Lorsqu'on fait l'historique de la longue carrière
de Bazaine, c'est avec un profond sentiment de
tristesse qu'on pense à la capitulation de Metz.
Quel mobile a corrompu le soldat qui avait su s'il-
lustrer pendant tant d'années? Ce pervertisseur,
qui s'appelle aujourd'hui le prisonnier de Wilhemshœhe, a donc pourri tout son entourage, corrompu tout le monde, les hommes de l'Empire
lui sont donc restés fidèles, l'homme de Sedan a
encore ses séides : ils espèrent donc que la poule
aux œufs d'or n'est pas morte et que, si ruinée
qu'elle soit après la paix, si onéreuse que puisse
être l'indemnité de guerre que réclamera la Prusse
si la république ne parvient à la chasser du territoire, elle fournira encore à la restauration ou à
la régence assez de richesses à prendre pour gor-
ger ses complices. Quelle honte!

De quelle nation sont-ils donc les hommes de
l'empire? Français? Ils ne le sont plus, la France

qui saigne, les renie et les maudit, et quelle autre patrie voudrait les adopter?

Lorsque les Russes se furent retirés de Sébastopol après la belle défense de cette place qui restera une des plus belles pages de l'histoire du peuple du Czar, Bazaine fut nommé gouverneur de Sébastopol. Que son rôle a changé aujourd'hui!

Le 22 septembre il fut promu général de division. Au mois d'octobre suivant il remporta un succès devant Kinburn où il s'empara de 174 pièces de canons et fit 1,420 prisonniers.

Rien de particulier ne signala la carrière de Bazaine à dater de cette époque jusqu'au moment où il fut nommé chef de la première division d'infanterie au Mexique, en juillet 1862.

Comme il vient de le faire à Metz, Bazaine à Mexico se montra avant tout l'homme de Bonaparte et de Morny; sans parler de la créance Jecker sur laquelle la publication des fascicules des documents secrets trouvés aux Tuileries a fourni tous les éclaircissements, le but prétendu de Bonaparte en entreprenant la guerre du Mexique était de rendre à *la race latine, de l'autre côté de l'Océan, sa force et son prestige.* Phrase creuse, poudre aux yeux.

Aujourd'hui le prisonnier de Wilhemshœhe doit se dire qu'au lieu de sembler s'occuper de la race latine du nouveau monde, il eût mieux fait de laisser en paix Juarez et ses compatriotes et de s'occuper davantage du sort de la race latine dans la vieille Europe. Mais le Mexique avait la créance Jecker, c'est-à-dire l'appât, le pot de vin qui depuis vingt ans, en France, a joué un si grand rôle, le pot de vin qui devait tenter Bazaine à Mexico, comme le prix de la Lorraine l'a tenté à Metz.

Lui qui livre aujourd'hui des prisonniers, il les prenait alors. Après Kinburn, Oajaca où 7,000 Mexicains se rendirent sans conditions le 8 février 1865. Depuis le mois d'octobre 1863, Bazaine avait remplacé le général Forey comme général en chef de l'armée expéditionnaire.

Abandonnant Maximilien sur l'ordre haineux de Bonaparte, Bazaine, en 1866, ordonna à toutes ses troupes de se replier sur Vera-Cruz, après avoir déclaré hautement dans un conseil de notables présidé par l'infortuné Maximilien, que son empire était impossible et que la lutte contre Juarez était inutile et ne pouvait fournir aucune espérance.

On sait la fin tragique de Maximilien. Victime de Bonaparte et de Bazaine, cet empereur sans empire mourut en brave, trahi par ses alliés, vendu par Lopez. Dans l'œuvre ténébreuse du Mexique, trois noms se lient étroitement : Napoléon, Bazaine et Lopez. Aussi Bonaparte avait-il récompensé largement son complice dès le 5 septembre 1864, en le nommant maréchal de France !

III

Démasquer les traîtres et les lâches est un devoir pour tout honnête homme. C'est aux meilleures et aux plus certaines sources que nous avons puisé. Incrédule d'abord, c'est à l'évidence que nous avons fini par nous rendre : aussi accomplissons-nous notre œuvre avec joie, l'âme satisfaite, la conscience tranquille avec la douce quiétude du devoir accompli, la complète satisfaction que donne la persuasion de bien faire.

Les tristes rôles se sont multipliés dans cette navrante chute de Metz, déflorée aujourd'hui par la cupidité et le manque d'honneur des chefs de l'élite de notre armée. La Tête-Bazaine a trouvé des bras pour accomplir son œuvre hideuse. Tous les documents qui suivent sont authentiques ; nous avons vu, nous avons écouté, et nous ne présentons ici que le résumé fidèle des témoignages les plus sincères, des preuves les plus convaincantes.

« Quel est le but de la bataille de Saint-Privat, se demandait-on dans la Lorraine à la date du 21 août en relatant les faits du combat? L'investissement de Metz? On le croirait presque. »

De ce combat date la séparation définitive de Mac-Mahon et de Bazaine ; du 16 août commencent les hésitations de l'armée française toujours entravée dans ses mouvements par la présence de Napoléon que gardaient 40,000 hommes inutiles, et dont le moindre changement de direction apportait un retard de vingt-quatre heures dans toutes les marches de Mac-Mahon.

On est édifié aujourd'hui sur le véritable but de cette bataille de Saint-Privat, de Gravelotte ou de Thionville. Il s'agissait simplement de faire sortir Napoléon de Metz, où sa situation après Woerth et Reischoffen était devenue intolérable.

A l'allégresse qui avait accueilli notre petit succès de Sarrebruck, auquel Bonaparte avait donné une importance tellement grande qu'il proclamait son fils un héros ramassant des balles, au milieu des cadavres, avec un admirable sang-froid, avait succédé dans Metz un morne abattement commencé le lendemain de Wissembourg, abattement qui bientôt s'était transformé en fureur que tous ressentaient, soldats et habitants. Le futur homme de Sedan avait feint de remettre le commandement en chef dans les mains de Bazaine. Ce changement fut accueilli avec une vive satisfaction. On croyait que Bazaine était l'homme de la France ; seul l'Empereur le savait exclusivement l'homme de Bonaparte !

Les habitants de Metz et même les officiers té-

moignaient à l'Empereur une sourde colère; lorsqu'il passait on détournait la tête et de menaçants murmures se faisaient entendre. Les courtisans des Tuileries n'avaient pas habitué l'homme de décembre à un accueil aussi peu flatteur. Bonaparte irrité ne quitta plus la préfecture. Seul le Prince impérial se montrait dans les rues où paradaient, étincelants dans leur cuirasse d'acier, les cent-gardes !

Quelques jours avant le départ de Bonaparte qui avait fini par être littéralement prisonnier dans la préfecture de Metz, ayant la colère des habitants et le mépris de ses soldats pour geôliers, des troupes qui avaient vaillamment combattu rentrèrent dans la ville les vêtements pleins de sang, dans un état qui accusait évidemment les efforts qu'elles avaient faits, les fatigues qu'elles avaient subies. Au moment où elles débouchaient sur la place de la préfecture, six cent-gardes en grande tenue sortirent de la résidence impériale et se mêlèrent aux groupes qui regardaient le défilé ; mais, à peine le peuple aperçut-il les soldats personnels de Bonaparte qu'il les hua, les menaça, et les six cent-gardes furent contraints pour échapper à la fureur populaire de regagner au plus vite le palais de la préfecture.

Ce dernier incident détermina Bonaparte à charger Bazaine de faire en sorte qu'il pût se sauver de Metz.

Gravelotte eut lieu. L'Empereur et ses bagages

passèrent. L'attaque française avait été vive, c'était un succès ; aller en avant pouvait la transformer en victoire importante : Bazaine ne le voulut pas. C'est triste à dire ; mais, lorsqu'on analyse tous les actes accomplis par l'homme de Metz, on se demande si sa résolution de trahir ne date pas de l'origine même de la campagne.

Si, après Gravelotte, il avait poussé en avant, jamais il n'eût été bloqué ; il rejoignait Mac-Mahon dont il était à peine séparé ; Sedan dans ces conditions, au lieu d'être le premier déshonneur, eût été une victoire décisive. Oh ! ce Bazaine ! il voulait que les Prussiens l'entourassent sous Metz, c'est évident, et Metz se demandait encore si son investissement était bien le but que poursuivait le général de Moltke.

Le lendemain, les Prussiens étant signalés comme occupant les plaines de Woëvre dont les Genivaux forment l'extrême limite du côté de Metz, par les vallées de Mance de Gorze et du Rup de Mad perpendiculaire à la vallée de la Moselle, le doute ne fut plus permis.

C'est alors que commence réellement le rôle de l'homme de Metz, de celui en qui la France espérait tout, de celui qui jusqu'au dernier moment a été considéré comme l'agent le plus énergique de la résistance, le futur vainqueur de l'armée allemande de la Moselle, dont la mission semblait devoir être le refoulement des armées du Roi et du Prince Fritz sous la mitraille des forts parisiens.

Le 22 août, Bazaine adressait à ses soldats la proclamation suivante :

ORDRE GÉNÉRAL

« Officiers, sous-officiers et soldats de l'armée du Rhin, vous venez de livrer trois combats glorieux dans lesquels l'ennemi a éprouvé des pertes sensibles, et a laissé entre nos mains un étendard, des canons et 700 prisonniers.

« La patrie applaudit à vos succès.

« L'Empereur me délègue pour vous féliciter et vous assurer de sa gratitude. Il récompensera ceux qui ont eu le bonheur de se distinguer parmi vous.

« La lutte ne fait que commencer ; elle sera longue et acharnée, car quel est celui de nous qui ne donnerait la dernière goutte de son sang pour délivrer le sol natal ?

« Que chacun de nous, s'inspirant de l'amour de notre chère patrie, redouble de courage dans les combats, de résignation dans les fatigues et dans les privations.

« Soldats,

« N'oubliez jamais la devise inscrite sur vos aigles : *Valeur et discipline*, et la victoire est assurée, car la France se lève derrière vous.

« Au grand quartier-général du Ban-St-Martin,
le 20 août 1870.

« *Le maréchal de France, commandant
en chef, signé* : BAZAINE.

« Pour ampliation : *Le général de division, chef
d'état-major général*, L. JARRAS. »

Le 22, on constatait à Metz que depuis huit jours on était sans communication aucune ni avec Paris, ni avec le reste du monde.

Le colonel Laffitte, en vertu de la loi du 13 juin 1851 et de celle du 12 août 1870, informait la population que tout Français âgé de 20 à 55 ans inclusivement, devait être garde national, ainsi que les étrangers admis à la jouissance des droits civils.

Les Prussiens construisaient un chemin de fer de Remilly à Pont-à-Mousson.

Les nouvelles les plus alarmantes pour l'ennemi circulaient dans le chef-lieu de la Moselle. Une grande victoire avait été prétendument remportée par Mac-Mahon. Les dernières troupes prussiennes arrivées en France étaient celles de la *landsturm;* la dyssenterie faisait les plus grands ravages dans leur camp; déjà les déserteurs prussiens affluent dans nos rangs, ajoutait-on, et enfin plus de 100,000 cadavres prussiens ont déjà été ensevelis dans la terre de France.

Un combat d'avant-postes eut lieu sans résultat à 10 kilomètres de Boulay, le 27 août. En en rendant compte, on prétendit que les Prussiens avaient refusé la bataille.

En ce moment, Metz se flattait d'être approvisionnée de vivres pour 200,000 hommes pendant soixante jours. Le devoir de Bazaine, et l'on sait malheureusement pour lui qu'il est bon administrateur, — il l'a prouvé en Afrique, — était de

prendre immédiatement toutes les mesures nécessaires pour que ces vivres fussent rationnés de
façon à durer le plus longtemps possible. Les habitants étaient pourvus de leur côté et bien décidés
à supporter toutes les conséquences d'une résistance sans fin.

Le 31 août, un grand combat dont la nouvelle
n'est pas encore parvenue jusqu'à Paris à l'heure
qu'il est, fut livré à Servigny.

Les Prussiens occupaient cette localité ainsi que
Failly, Charly et Malroy; nos troupes étaient mas-
sées sous les ordres de Lebœuf, de Canrobert et de
Frossard, sur la route de Sarrebruck et sur celle
de Bouzonville.

Après une lutte acharnée, on repoussa les Prussiens, et nos batteries furent amenées à Servigny.
On se battit jusqu'à la nuit. A l'issue de la journée,
les positions que les Prussiens occupaient le matin étaient nôtres ! Mac-Mahon, disait-on, est à
Thionville : nous allons lui donner la main. Cette
fois, on comprenait l'utilité du combat; le cercle
de feu que les Prussiens avaient forgé autour de
Metz allait être brisé, et les deux armées, celle de
Mac-Mahon et celle de Bazaine réunies, allaient
pouvoir reprendre l'offensive.

Le jeudi 1er septembre, l'action s'engage de nou-
veau dès l'aube à Noisseville, Servigny, Sainte-
Barbe. A 7 heures, le feu redouble, le fort Saint-
Julien peut envoyer quelques bordées. Vers 9 heu-

res, le feu s'éloigne de Metz, les Français avancent toujours. Vers 10 heures l'ennemi est repoussé, c'est une victoire; hélas! à deux heures l'ordre de reprendre les campements de l'avant-veille arrive à nos troupes. Que d'efforts superflus! que de sang inutilement, criminellement répandu!

Voilà comment le plus patriote des journaux messins appréciait cette bataille!

« Le 31 août, l'armée du maréchal Bazaine est venue
» offrir la bataille aux Prussiens qui, cette fois, l'ont ac-
» ceptée. La lutte a été vive. L'ennemi a été délogé des
» fortes positions qu'il occupait à Nouilly, à Noisseville et
» à Servigny-lès-Sainte-Barbe. Ces positions il les a re-
» prises pendant la nuit; mais il est notoire qu'elles n'é-
» taient que faiblement gardées. Faut-il en conclure que
» l'intention du général en chef n'était pas de nous y main-
» tenir? C'est ce que nous ne pouvons naturellement pas
» affirmer, mais c'est ce que nous supposons...

« Nous ignorons absolument quelle a été l'intention
» du maréchal Bazaine en ébranlant sa belle armée, et si
» cette intention a été remplie. Pour nous, qui n'appré-
» cions et ne pouvons apprécier les choses que dans leur
» aspect extérieur, ces deux jours de combat n'ont pas
» eu de résultat. »

Ce combat était le premier de ceux auxquels Bazaine fait allusion dans sa lettre. Évidemment ceux qui l'avaient livré n'étaient pas des lâches; mais dans quel but les chefs qui l'avaient dirigé rétrogradaient-ils en arrière au lieu de recueillir le prix de l'héroïsme et du sacrifice?

IV

Nous étions sans nouvelles, dit Bazaine. — Le 7 septembre l'*Indépendant de la Moselle* publiait en premier-Metz la note suivante :

« On a reçu enfin à Metz des nouvelles de Paris,
« par des extraits malheureusement trop courts, donnés
« par les journaux prussiens trouvés sur des prisonniers.
« Ces journaux annoncent que la capitale de la France
« est calme. Un comité de dix membres, pris dans la
« Chambre, avait été nommé pour organiser nos forces,
« de concert avec le général Montauban, ministre de la
« guerre. Parmi ces dix membres, on cite des noms tels
« que ceux de MM. Thiers et Estancelin, qui ont la con-
« fiance du pays.
« Ce comité serait en parfait accord avec le général
« Trochu, et sous la direction de cet homme de mérite,
« l'armée française, parfaitement organisée, ne tardera
« pas à marcher sur l'ennemi, qui aura alors un terrible
« compte à nous régler. »

La nouvelle de la proclamation de la république était arrivée à Metz ; mais Bazaine n'en permettait pas la publication.

Dans un ordre du 6 septembre, du reste émanant du général Coffinières, celui-ci suspendait le *Moniteur de la Moselle* pour dix jours, *espérant,* disait-il, « *que cet avertissement suffirait pour* « *rendre les journaux plus circonspects à l'a-* « *venir* (3 septembre). »

Le 11 septembre les lignes suivantes parurent dans *le Vœu national :*

« Une action dont l'artillerie a fait les frais, a éveillé, hier vers sept heures du soir, les sollicitudes de la population. De Queuleu à St-Julien et au fort des carrières, les canons tonnaient. Les batteries prussiennes en avant de Frescaty, à St-Thiébault, etc., leur répondaient de leur mieux. L'ennemi fit même pleuvoir une grêle d'obus sur Plappeville et ses environs. La maison de M. Viansson, l'honorable maire de cette commune, fut même honorée de la visite de l'un de ses projectiles.

« Quel était l'objectif de cette canonnade qui dura une heure environ? C'est ce qu'il serait difficile de déterminer sans risquer des appréciations compromettantes. Ce qu'on peut supposer, c'est que les Prussiens ont voulu profiter du mauvais temps pour essayer quelque surprise qui n'a pas réussi. »

Ce journal ajoutait :

« Nous recevons, à ce sujet, la note suivante qui, sous » une forme enjouée, laisse assez comprendre qu'il serait » plus qu'inutile d'insister aujourd'hui sur les faits d'hier. » Plus tard, la lumière se fera.

« O vieux et brillants doctrinaires du temps jadis ! N'est-

» ce pas qu'il faut avoir le diable au corps « pour se livrer
» aux jeux sanglants de la force et du hasard, » par cette
» tempête qui secouait, rinçait et engluait acteurs et spec-
» tateurs dans la soirée d'hier? En entendant le canon de
» Saint-Privat et de Queuleu s'accorder, selon les règles
» de l'harmonie, avec les solistes du Saint-Quentin, nous
» avons cru, un instant, à ces fausses démonstrations mê-
» lées de tentatives sérieuses, qui sont dans la règle à
» nous prescrite comme dans les habitudes des gaillards
» d'outre-Rhin. On se concerte, on amorce et on soupire
» ces choses-là sur un mode qui n'est pas celui du *Lac de
» Lamartine.*

« En somme, dépense de projectiles sur la ligne d'in-
» vestissement, envoi d'agréables paquets en direction
» d'Ars-sur-Moselle, et nuit trempée, suivie, ce matin
» même, de remue-ménage dans les rangs prussiens. »

Or, voilà le vrai motif de ce combat simulé : le
prince Frédéric-Charles, chez lequel Bazaine pendant toute la durée du siége dinait deux fois par
semaine, — des officiers que nous pourrions citer
au besoin nous l'ont affirmé, — étaient déjà d'accord, et ils avaient imaginé cette consommation
de poudre et de projectiles afin de faire croire aux
prisonniers de Sedan qui passaient alors en Allemagne par Sarrebruck, que le bombardement de
Metz avait commencé.

Le 14 septembre la proclamation de la République à Paris était officiellement annoncée aux
Messins par le général Coffinières dans une proclamation. L'engagement puéril de Borny, la ba-

taille exclusivement impériale de Gravelotte et le succès improductif de Servigny y étaient pompeusement célébrés. Le nom de l'empereur n'y était pas prononcé, et, au nom de la France et de la patrie, Coffinières exprimait le vœu que la résistance de Bazaine, en se prolongeant le plus possible, permît au gouvernement de la défense nationale d'agir efficacement.

Le 16, un ordre du même auteur contraignait les journalistes d'envoyer leurs épreuves au commandant en chef, avant la publication.

De même qu'Ollivier redoutait la presse à Paris, Coffinières et Bazaine la bâillonnaient à Metz, car tous les coupables craignent la lumière, et le grand jour n'est sain qu'aux hommes libres et loyaux.

Ils avaient pourtant à gouverner une brave et vaillante armée à laquelle ils ne pouvaient s'empêcher de rendre justice.

Citons encore Coffinières :

« En présence de l'empressement que la population de
« Metz a mis à livrer à l'administration de la guerre les
« denrées fourragères, le délai de versement de ces den-
« rées au magasin du Saulcy est prorogé de deux jours.

« En conséquence, on recevra et on paiera comptant,
« aux prix indiqués, toutes les denrées qui auront été li-
« vrées le 14 et le 15 septembre.

« Metz, le 13 septembre 1870. »

V

La bataille de Lauvallières, qui eut lieu le 22, avait enfin un objectif sérieux : approvisionner les chevaux.

Voici la relation de cette journée qui fut un succès pour nos armes :

« Le 22 septembre, au matin, le maréchal Bazaine était informé par un brave habitant de Lauvallières, qui était parvenu à sortir des lignes ennemies et à arriver jusqu'à Metz, que le village de Lauvallières était abondamment pourvu de paille et de fourrages.

Le maréchal résolut immédiatement de faire une perquisition chez MM. les Prussiens. En effet, vers midi, les forts de Queuleu et de Saint-Julien commençaient, avec leurs pièces à longue portée, à troubler le calme dont jouissaient nos ennemis depuis une huitaine de jours. Ces frais d'artillerie avaient pour but, surtout de la part du fort de Queuleu, de masquer le mouvement qu'on se proposait de faire sur Lauvallières. Vers une heure et demie, quelques compagnies de chasseurs à pied s'avancèrent en tirailleurs depuis la ferme de

Belle Croix jusqu'aux hauteurs de Vantoux, sur la gauche. Trois régiments d'infanterie les suivaient à courte distance, également échelonnés en tirailleurs.

Devant cette démonstration, l'ennemi resta muet ; alors vinrent prendre position, à deux cents mètres en avant de la ferme Belle-Croix, deux batteries, l'une de pièces de 4, l'autre de mitrailleuses ; deux régiments de dragons, rangés en éventail, devaient protéger les batteries. Cent chariots et quelques compagnies de muletiers se dirigèrent alors sur le village de Lauvallières, précédés de quelques compagnies de ligne. On entra dans le village presque sans coup férir, et, pendant que nos chariots allaient charger les fourrages, j'ai pu voir les Prussiens, tant infanterie que cavalerie, décamper au plus vite du village, se repliant sur Sainte-Barbe où sont établies leurs batteries. Nos chariots chargèrent sans être trop inquiétés. Par-ci, par-là, quelques coups de fusil venaient seuls se mêler aux voix mâles de Queuleu et de Saint-Julien. Le chargement du fourrage a duré ainsi jusque vers quatre heures et demie. A ce moment seulement, quelques escadrons de cavalerie prussienne se décidaient à sortir du village de Sainte-Barbe, et à venir, escortant deux batteries d'artillerie, prendre position sur la droite du village de Boulay. Leur tir, assez habilement dirigé, faisait pleuvoir une grêle d'obus sur la ferme de Belle-Croix. Ces projectiles n'ont heureusement blessé personne.

Au même moment, quelques colonnes d'infanterie prussienne, sortant aussi du village de Sainte-Barbe, s'avançaient vers Lauvallières : elles furent reçues par nos tirailleurs couchés à plat ventre dans les vignes. Une vive fusillade s'engagea, qui dura à peu près une heure.

Au moment où la cavalerie et l'artillerie prussiennes, quittant Sainte-Barbe, s'avançaient sur la route de Boulay, deux coups de canon partis du fort Saint-Julien sont venus donner en plein dans les groupes ennemis. J'ai pu, grâce à ma longue-vue, vérifier le ravage que ces deux projectiles, habilement lancés, ont faits dans les rangs prussiens. Vers cinq heures, fusillade et canonnade s'éteignaient sensiblement ; seule , l'artillerie prussienne se faisait encore entendre.

J'ai pu, pendant toute l'action, constater la présence de notre brave général Changarnier, qui s'est tenu dans le village de Lauvallières, sur lequel les Prussiens dirigeaient leurs feux, non-seulement tout le temps qu'a duré la razzia, mais même longtemps après le départ du dernier mulet et du dernier chariot. Je l'apercevais très-distinctement lorgnant les batteries ennemies. A cinq heures et demie tout était fini et nos soldats rentraient tous dans leurs campements respectifs, tenant leur fusil d'une main et soutenant de l'autre une botte de fourrage placée sur leur épaule. Au moins la journée ne sera-t-elle pas écoulée sans rapporter un trophée.

Le 27, nouveaux combats, nouveaux succès ! Quelque nuage a-t-il donc passé entre le chef alle-mand et l'Homme de Metz ?

Trois attaques, ordonnées par le maréchal com-mandant en chef, et dirigées, le 27, contre diffé-rents points des lignes prussiennes, ont été cou-ronnées d'un plein succès.

Sur la rive droite de la Moselle, le général La-passet, avec sa brigade, renforcée du 90ᵉ de ligne et de 6 pièces d'artillerie, avait été chargé d'atta-quer Mercy-lès-Metz et le village de Peltre, prin-cipal centre de ravitaillement de l'ennemi. Ces deux points ont été abordés et enlevés avec la plus grande vigueur. A Peltre, l'ennemi, assailli de front et tourné par son flanc gauche, a eu beaucoup d'hommes tués et blessés, et a laissé entre nos mains bon nombre de prisonniers, ainsi que des armes et des effets. Après ce brillant coup de main, nos troupes sont rentrées dans leurs camps sans être inquiétées.

Pendant ce temps, M. le maréchal commandant le 3ᵉ corps faisait exécuter par la division Montau-don, sur le village de Colombey, une diversion qui a pleinement réussi. Des approvisionnements de fourrages ont été enlevés à l'ennemi, qui s'est re-tiré en toute hâte en incendiant le bois de Borny.

Sur la rive gauche de la Moselle, M. le maréchal commandant le 6e corps a fait enlever le bois de Woippy, la ferme de Sainte-Agathe et le château de Ladonchamps. L'attaque, qui avait été préparée par le feu de nos batteries, a été faite avec tant de vigueur et de rapidité que nos pertes sur ce point ont été insignifiantes. Les Prussiens ont dû battre en retraite avec la plus grande précipitation.

Ces divers engagements ont mis entre nos mains 178 prisonniers, dont 3 officiers, mais nous ont coûté une vingtaine de tués, dont 2 officiers, et plus de 300 blessés, dont 9 officiers.

Les provisions abondaient, l'ennemi semblait las du métier de geôlier, les affaires prussiennes allaient mal, et Metz se réjouissait. »

Le 13 octobre, nouveau succès des Français à Plappeville. En voici le compte-rendu daté du lendemain :

« Une affaire s'est engagée hier matin derrière Plappeville ; le canon a tonné longtemps, et on a aussi entendu les mitrailleuses.

« Un peu avant le jour, des troupes appartenant à la division Lorencez, du 4e corps, sont arrivées par les crêtes en avant de Plappeville, se sont emparées du Châlet et de la Sapinière de Lessy, après un assez vif engagement, et en ont débusqué un bataillon prussien et 25 uhlans, qui se sont enfuis dans les bois, en arrière de Lessy.

« En même temps les canons du Saint-Quentin leur

faisaient beaucoup de mal, le mouvement en arrière de l'ennemi ayant été prévu par nos pointeurs.

« Les pertes des Prussiens sont très-fortes : les nôtres s'élèvent à une centaine de blessés ; une compagnie du 33e a surtout beaucoup souffert.

« Nos troupes occupent maintenant Lessy, où elles se sont fortifiées; nous avons fait 300 prisonniers, » relate le bulletin de cette bataille.

A deux heures du matin deux bataillons du 25e de ligne commandés par le colonel Gibon surprennent de nouveau Ladonchamps le 2 octobre : tous les Prussiens qu'ils rencontrèrent furent tués ou faits prisonniers.

Le 3, une forte canonnade fut entendue du côté de Sainte-Agathe.

Le 7, combat du côté de Thionville. En voici le compte-rendu publié le 8 :

« Hier, vers midi, une reconnaissance offensive a été opérée vers Thionville, par des bataillons du 6e corps. A 3 heures, nos troupes étaient arrivées aux Grandes-Tappes, malgré un feu très-nourri des batteries prussiennes, établies sur tout l'arc de cercle allant du bois de Fèves à Olgy.

« Il y avait environ 6 pièces à Fèves, 20 à Semécourt, ainsi qu'en avant de Maizières et d'Amelange, 6 à Argancy et 6 à Olgy.

« Les voltigeurs de la garde ont vivement enlevé à la baïonnette les Grandes-Tappes et Amelange aussi, croyons-nous. Ce que nous savons, c'est que les Prussiens ont été refoulés fort loin sur la ligne de Thionville.

« Les canons de Saint-Julien ont appuyé ce mouvement ; au fort des Carrières, une pièce de 24 a, vers 4 heures, lancé deux projectiles à 5,300 mètres sur les batteries de Semécourt.

« En même temps, une diversion semblait être effectuée, dans le bois de Vigneulles, par deux bataillons du 4ᵉ corps.

« Nous avons fait environ de quatre à cinq cents prisonniers ; nous ne pouvons encore connaître le nombre de nos blessés ; vers 5 heures du soir, une centaine arrivaient en ville.

« Le général Gibon, qui vient d'être promu à ce grade depuis quelques jours seulement, a été assez grièvement blessé à l'avant-bras. — Le 25ᵉ de ligne a beaucoup souffert. On nous affirme que son colonel est blessé.

« On dit qu'une batterie prussienne avec tous ses canons est en notre possession.

« En somme, l'engagement d'hier a parfaitement réussi, comme tous ceux que nous avons entrepris depuis quelque temps. Encore une étape et nous serons à Thionville !

« Le dimanche 9 octobre, un garde mobile arrivé de Thionville à Metz raconte que jusqu'à Richemond, où un camp prussien existait, il n'y a plus d'ennemis et que par conséquent la ville est débloquée. »

Il est évident que, s'il l'avait voulu, Bazaine traversait alors les lignes prussiennes. S'il ne l'a pas fait, c'est qu'il était déjà décidé à vendre Metz et l'armée.

VI

Nous avons déja mentionné le droit de censure que le général Coffinières exerçait sur les journaux. Voici un exemple frappant de la manière dont il l'exerçait et une preuve évidente de sa complicité avec Bazaine.

Ce qui suit est extrait de l'*Indépendant de la Moselle* du 16 octobre (1).

Extrait de l'Indépendant de la Moselle
du 11 Octobre.

« Les nouvelles apportées par les prisonniers français
« se complètent. Nous tenons à le répéter, elles sont bon-
« nes, très-bonnes. *Que les pessimistes et les découragés*
« *prennent donc confiance et n'entendons plus prononcer*
« *ce mot qui fait monter la rougeur au front : capitula-*
« *tion.* A Lunéville, un officier français, déguisé en bour-
« geois, s'approche du convoi et parvient à glisser ces
« mots à un soldat : « Dites à Metz que tout va bien. » On

(1) Tous les passages en italique et en petites capitales ont été supprimés par le général et n'ont pas paru. Nous affirmons positive-ment le fait.

« lui a arraché des mains une lettre qu'il remettait pour
« un de nos colonels d'infanterie.

Bataille de Ladonchamps

Extrait du compte-rendu.

« Ladonchamps est en effet situé à quelques centaines
« de mètres de la voie ferrée; des massifs boisés qui l'en-
« tourent on peut envoyer une grêle de balles sur les ca-
« valiers français qui mènent paître leurs chevaux sur les
« bords de la Moselle ou qui viennent récolter au milieu des
« champs *avidement fouillés, quelques sacs de betteraves*
« *ou de pommes de terre. L'occupation de Ladonchamps*
« *par nos troupes a une importance réelle; nous empêchons*
« *ainsi les Prussiens de harceler nos fourrageurs dans*
« *un périmètre assez étendu.* Le génie a établi des fortifi-
« cations passagères autour de ce castel gothique, et cette
« précaution a rendu tout coup de main impossible de la
« part de l'ennemi.
« Le 7 octobre, les voltigeurs finissaient à peine leur
« repas lorsque les clairons sonnèrent l'appel de la bri-
« gade. Depuis plusieurs jours il y avait des bruits de
« poudre et de combat dans l'atmosphère. Cette sonnerie
« subite annonçait clairement qu'on allait marcher; l'action
« ne manquerait pas d'être sérieuse. LA GARDE ALLAIT
« ÊTRE ENGAGÉE; ce ne serait plus quelques escarmou-
« ches d'avant-postes comme les jours précédents. Il faut
« avoir assisté au départ d'une colonne française pour
« apprécier véritablement la bravoure chevaleresque de
« nos soldats...
« LA GARDE, QUI, DEPUIS BEZONVILLE, AVAIT ÉTÉ MAIN-

« TENUE STRICTEMENT DANS SON RÔLE SI ESSENTIEL DE
« CORPS DE RÉSERVE, ÉTAIT HEUREUSE D'AVOIR A PARTA-
« GER LES DANGERS DE SES FRÈRES D'ARMES DE LA LIGNE.
« ENTRE ONZE HEURES ET MINUIT, ON PUT ASSISTER AU
« DÉFILÉ PLEIN D'ENTRAIN DES GRENADIERS, DES ZOUAVES,
« DES VOLTIGEURS ET DES CHASSEURS A PIED. C'ÉTAIT
« JOUR DE FÊTE POUR CES BRILLANTS RÉGIMENTS. »

La garde était la réserve. On voulait épargner,
conserver la garde, mais il ne fallait pas le lui
faire sentir : *la garde allait être engagée,* était
une phrase séditieuse. Bazaine voulait la ramener
intacte à Wilhemshœhe, car la garde lui semblait
être la partie de l'armée sur laquelle surtout de-
vrait s'appuyer la restauration qu'il méditait ; et
la garde se rongeait les poings, immobile, toujours
spectatrice, elle qui demandait impérieusement
de se jeter dans la mêlée, sans soupçonner le triste
rôle que le maréchal croyait lui réserver.

Reprenons les citations des passages condamnés
par Coffinières :

« En même temps plusieurs bataillons d'infanterie du
« corps Ladmirault partaient dans la direction de Nas-
« soy-le-Veneur et de Fèves traversant un pays boisé et
« accidenté. Quelle que fût leur mission, on pouvait être
« assuré d'avance qu'elle serait accomplie glorieusement ;
« le quatrième corps inspira une terreur salutaire aux
« Prussiens... et pour cause. Toutefois, il était impossi-
« ble de suivre tous les détails de l'action ; les compa-
« gnies disparaissaient derrière les rideaux de peupliers

« ou les massifs de bois ; la fusillade seule indiquant qu'on
« repoussait l'ennemi et qu'on gagnait du terrain.

« *Le sixième corps, qui avait conquis Ladonchamps la*
« *semaine précédente, envoya quelques régiments qui*
« *opérèrent conjointement avec ceux de la garde.* Les
« Prussiens *sont difficiles à surprendre :* s'apercevant
« d'un mouvement offensif de notre part, ils se hâtèrent
« de déployer une artillerie nombreuse ! »...

Cette suppression est des plus curieuses. Il en
ressort d'abord que toute constatation de succès
est interdite ; en outre, qu'il ne faut pas parler de
la garde. La garde attend et ne se bat pas, telle
est la consigne ; la garde attend le moment où
elle rejoindra l'empereur, et ne se bat pas contre
ses bons amis les Prussiens qui lui permettront de
rentrer en France à la tête de son armée reconsti-
tuée sur le sol du vainqueur de la République, de
l'anéantisseur du spectre rouge.

Voilà l'esprit du coup de crayon qui supprimait
ce passage. Ce crayon despotique va même jusqu'à interdire qu'on imprime que les Prussiens
sont difficiles à surprendre : est-ce par excès de
zèle, est-ce un remords de soldat qui biffe l'éloge
de l'envahisseur dans un moment de pudeur dernière ? Qui le sait ?

Aujourd'hui, le vote de Paris, écrasant ces faux
républicains qui se servent de la République pour
essayer de jeter la discorde entre les nobles défenseurs de la capitale, doit désespérer ceux qui

ont osé rêver la restauration impériale. Cette fois on s'est bien mesuré; on s'est compté le fusil à la main, les yeux dans les yeux, et l'ordre et le bon sens forment une écrasante majorité. Le spectre rouge est mort enfin, Messieurs les Bonapartistes, et par conséquent, en dehors de toutes les représailles si justes qui vous interdisent de jamais oser tenter de ressaisir le pouvoir, vous n'avez plus de raison d'être.

Poursuivons l'analyse de l'*Indépendant* :

« De notre côté, nous répondons vigoureusement par « nos batteries de Woippy, de Ladonchamps et de Châ- « tillon. »

Pourquoi défendre de donner ces renseignements puisés après la bataille? En plaçant de l'artillerie dans ces endroits, Bazaine avait-il donc enfreint les ordres du prince Frédéric-Charles? On est en droit de le supposer.

« Cependant notre infanterie n'est pas arrêtée par cet ouragan de fer et de feu. Du reste, les obus sont aussi dangereux à 3,000 mètres qu'à 1,000.

« Ne craignez rien, mes enfants, crie à ses soldats un vaillant général, je vous servirai de bastion ! » Et il s'é- lance à la tête de sa brigade. On m'a assuré que cette phrase sublime avait été prononcée par le général Gibon, blessé dans ce combat. »

L'éloge des généraux est également interdit. Cela se comprend aisément lorsqu'on considère que la Prusse avait donné l'ordre à ses soldats de ne pas viser un seul des généraux français, et considérait ceux-ci comme les bouchers qui devaient mener les moutons à des combats sans but, puis enfin à la capitulation.

— Metz a ses forts, mais nous avons Bazaine et ses complices, disaient les Prussiens.

Aujourd'hui ils ont changé de langage :

— Nous avons conquis l'Alsace, disent-ils, mais nous avons acheté la Lorraine !

C'est horrible, n'est-ce pas ?

L'*Indépendant* disait encore :

« Un jeune prêtre de Versailles, M. l'abbé Lancier, aumônier volontaire, se trouvait au camp des voltigeurs lorsque sonna la marche de la brigade ; il voulut l'accompagner au danger. Il était près des Tapes lorsqu'elles furent emportées de vive force par les nôtres, et, s'abritant de son mieux derrière un mur, il distribuait à nos blessés les secours de la religion.

« *Quel fut son étonnement, lorsqu'on amena les prisonniers près de l'ambulance provisoire, de voir ces hommes, encore noirs de poudre et couverts de sang, s'approcher de lui respectueusement, saisir sa main droite et la lui baiser. C'étaient des Polonais du duché de Posen, presque tous pères d'une famille nombreuse. On est venu la nuit opérer la levée dans leurs chaumières, on les a menés à la boucherie comme un vil troupeau... chez eux, on meurt de faim. Ces malheureux avaient de 35 à 45*

*ans; ils croyaient qu'on allait les fusiller, et montraient
à l'abbé un livre de prières et une image de la Vierge, en
répétant ce seul mot : « Catholiques, Catholiques ! »*

Ici Coffinières biffe afin de ne pas être désagréable aux Prussiens.

Voici les dernières suppressions :

« De tous côtés il y avait des engagements semblables ;
« les Prussiens étaient repoussés sur tous les points. Ici
« les chasseurs ramenaient des chevaux d'artillerie en-
« core tout harnachés et tout équipés ; *le bruit se répan-*
« *dit qu'on avait pris une batterie volante, mais il ne*
« *passa sur la route qu'un canon et un caisson rempli*
« *de cartouches pour les fusils de l'infanterie.* »
« De même que dans les plaines de Thionville, les ré-
« giments entraient dans leurs lignes à la tombée de la
« nuit. *L'histoire qui puise ses documents dans les récits*
« *anecdotiques, aussi bien que dans les rapports officiels,*
« *nous dira quel était le but de cette bataille. Tant que*
« *l'ennemi est à nos portes et foule notre territoire, nous*
« *ne pouvons et ne devons faire qu'une chose, écrire ce*
« *que nous voyons; nos relations d'aujourd'hui serviront*
« *de jalons aux discussions de l'avenir...* »

Ici, le commandant devait évidemment se
montrer impitoyable. Se demander quel pouvait
être le but de chacun de ces combats, qui n'é-
taient que de sanglantes et sinistres comédies
jouées pour tromper toute une armée, c'était vrai-
ment trop d'audace.

Les intérêts de la garde nationale n'étaient du reste pas plus sauvegardés que ceux des troupes. La lettre suivante supprimée par le commandant en est une preuve irréfutable.

« Monsieur le rédacteur,

« Il a été décidé que les gardes nationaux recevraient, à titre d'indemnité, une solde de 1 fr. 50 par garde de 24 heures qu'ils auraient à monter.

« Le bruit court qu'il sera dressé à cet effet un état de solde, OU FIGURERONT SEULEMENT LES NOMS DE GARDES NATIONAUX A QUI CETTE INDEMNITÉ SERA JUGÉE NÉCESSAIRE.

« S'il doit en être ainsi, je crois que nous devons nous opposer formellement à cette mesure, blessante pour un grand nombre de nos concitoyens et dont la conséquence immédiate serait de détruire l'égalité qui doit régner, avant tout, dans les rangs de la garde nationale.

« Je pense donc que nous devons demander à toucher, tous indistinctement, la solde qui nous est due, quittes à en faire dans la suite tel usage qu'il nous plaira.

« Je vous serais reconnaissant, Monsieur le Rédacteur, d'insérer ma lettre dans un de vos prochains numéros, si, toutefois, vous le jugez utile.

« Agréez, etc.

« UN ARTILLEUR DE LA GARDE NATIONALE. »

VII

Le 12 octobre, Bazaine adressait à un journal de Metz le communiqué suivant :

COMMUNIQUÉ.

« Le maréchal commandant en chef [l'armée du Rhin n'ayant reçu aucune nouvelle affirmant les heureux faits de guerre qui se seraient passés à Paris, se borne à en souhaiter la réalisation et assure les habitants de Metz que rien ne leur est caché ; qu'ils aient donc confiance dans sa loyauté.

« Du reste, jusqu'à ce jour le maréchal a toujours communiqué à l'autorité militaire de Metz les journaux français ou allemands tombés entre nos mains.

« Il profite de l'occasion pour assurer que depuis le blocus il n'a jamais reçu la moindre communication du gouvernement, malgré toutes les tentatives faites pour établir des relations.

« Quoi qu'il advienne, une seule pensée doit, en ce moment, absorber tous les esprits, c'est la défense du pays ; un seul cri doit sortir de toutes les poitrines :

« VIVE LA FRANCE !

« Ban Saint-Martin, le 11 octobre 1870. »

C'est à Ban Saint-Martin, son refuge, dont il ne sortait que pour se rendre au quartier général du prince Frédéric-Charles , que Bazaine a rédigé cette protestation mensongère qu'il n'a pas signée. Aussi les Messins l'appelèrent-ils, à dater de la publication de ce document : *Le maréchal vive la France !*

Bazaine pouvait communiquer avec Paris : il l'a bien prouvé en envoyant Bourbaki à Londres et Boyer à Versailles, mais il ne le voulait pas ; l'homme de Bonaparte dédaignait tout rapport direct avec le gouvernement de la défense nationale.

Dès le 14 la question des aliments qui n'avaient aucunement été ménagés jusqu'à cette époque, préoccupa les Messins. On proposa de fabriquer le pain avec la farine absolument brute : c'était dans l'état des choses une mesure des plus utiles au point de vue de la prolongation de la résistance.

Metz se montrait à la fois prévoyante et héroïque, et, au point de vue de cette brave cité, le crime de Bazaine est double. Les documents qui suivent et qui ont été publiés le 16 octobre prouvent à quel point les Messins étaient déterminés à résister à la Prusse par tous les moyens possibles.

Le *Vœu national* disait à cette date :

« Mais la constance dans le péril ne suffit pas, il faut

des moyens matériels de défense. Ce que la puissance des armes n'obtient pas, le manque des ressources alimentaires peut l'accomplir. Ménageons celles qui nous restent, car elles peuvent être l'instrument de notre délivrance. Pendant une guerre comme celle qui nous est faite, une semaine peut nous amener de grands changements. Sachons nous imposer des privations qui peuvent nous préserver des regrets et des remords patriotiques. Notre destinée sera celle que nous ferons. Il faut que devant l'histoire nous puissions dire que nous avons résisté jusqu'au bout à l'envahisseur; il faut que nous puissions répondre à nos enfants qui nous demanderont compte d'un héritage sacré, que nous avons tout fait pour le remettre intact entre leurs mains ! »

Une manifestation de la garde nationale à l'armée exprimait les plus sincères sentiments du patriotisme le plus pur et le plus résolu :

« La garnison peut compter sur l'ardent concours d'une population incapable de faiblesse, *quoi qu'il arrive.*
« Les communs efforts de l'un et de l'autre garderont jusqu'aux extrémités à la France sa principale forteresse, et aux Messins une nationalité à laquelle ils tiennent comme à leur bien le plus cher. »

Les aveux commencent, on leur répond :

« Le conseil municipal se fait l'interprète de la cité tout entière : il ne peut se *défendre d'exprimer son douloureux étonnement de la tardive connaissance,* qui lui est donnée par votre lettre de ce jour SEULEMENT, des ressources et subsistances sur lesquelles le commandant supérieur peut compter pour assurer la défense de la place. »

On trompait déjà les Messins; l'indigne comédie de la famine se joue déjà.

Pour répondre au conseil municipal, Coffinières adressa au maire de Metz une lettre dont nous reproduisons les passages les plus importants :

« *Un gouvernement de fait existe en France, il* a pris le titre de gouvernement de la défense nationale; *nous devons reconnaître ce gouvernement, et attendre les décisions qui seront prises par l'Assemblée constituante élue par le pays.* En attendant sa décision, nous devons nous rallier au cri que vous poussez vous-même : « *Vive la France!* »

« Vous me dites que la population a été péniblement surprise d'apprendre que les ressources en subsistances étaient très-limitées. Il était cependant facile de se rendre compte que, lorsqu'une population civile et militaire de plus de 230,000 âmes a tiré pendant deux mois tous ses vivres d'une place comme Metz, il ne doit plus rester que de faibles ressources.....

« Il serait d'ailleurs inutile de récriminer sur le passé, et de rejeter la responsabilité sur les uns ou sur les autres.

« Envisageons courageusement la situation telle qu'elle est, et, comme vous le dites avec beaucoup de raison, subissons-en les conséquences avec énergie, et avec la ferme résolution d'en tirer le meilleur parti possible.

> « *Le général de division, commandant*
> *supérieur de la place de Metz,*
>
> « L. COFFINIÈRES. »

Cette réponse ne rassura nullement les Messins qui envoyèrent aux soldats de Bazaine une adresse ainsi conçue :

> « *A nos frères de l'armée.*

« Les citoyens et gardes nationaux de la ville de Metz, inspirés par les nobles résolutions du Conseil municipal, viennent vous offrir leur concours pour défendre l'indépendance de la patrie menacée. Ils sont convaincus que vous accueillerez avec bonheur cette démarche, et que vous résisterez avec nous à toute idée de capitulation.

« L'honneur de la France et du drapeau, que vous avez toujours défendu avec une invincible vaillance, la gloire de notre cité, vierge de toute souillure, nos obligations envers la postérité, nous imposent l'impérieux devoir de mourir plutôt que de renoncer à l'intégrité de notre territoire.

« Nous verserons avec vous la dernière goutte de notre sang, nous partagerons avec vous notre dernier morceau de pain.

« Levons-nous comme un seul homme, la victoire est à nous.

« Vivent nos frères de l'armée ! vive la France une et indivisible ! »

Une grande agitation fut signalée le jour même sur la place d'armes où s'étaient réunis un certain nombre de gardes nationaux. Une nouvelle manifestation était dans l'air. Elle avorta.

Dans cette manifestation, le colonel du 2ᵉ de ligne s'approcha du général Coffinières, et lui tapa sur l'épaule en lui disant : « Général, le premier « qui parlera de se rendre sera fusillé. »

Dans l'après-midi, aux applaudissements de la foule, un citoyen déposa une couronne d'immortelles sur le front du Fabert de bronze dressé sur la place d'armes comme un exemple de fidélité, de bravoure et d'honneur. Un drapeau fut placé dans la main du guerrier qui porta toujours si haut le drapeau de la France. Hommage posthume et légitime à un grand homme de guerre dévoué à son roi et à son pays, à un général qui, loin de tout secours, vendait sa propre vaisselle pour payer ses soldats, à l'illustre maréchal, enfant de Metz, qui adressait à Louis XIV ces belles paroles que l'histoire a conservées, dont nous devons nous inspirer tous, et que reproduit le socle de sa statue :

Si pour empêcher qu'une place

que le roi m'a confiée

ne tombat au pouvoir de l'ennemi

il fallait mettre a la brèche

ma personne, ma famille et tout mon bien

je ne balancerais pas un moment a le faire.

Les Messins commençaient à se sentir sérieusement menacés dans leur honneur et dans leur avenir, et ils protestaient contre les traîtres sans soupçonner encore toute la profondeur de l'abîme vers lequel on les entraînait. Quant à la troupe, elle brûlait du désir d'aller à l'ennemi comme le démontre la proclamation suivante :

Au camp sous Metz, le 14 octobre 1870.

SOUS LES MURS DE METZ.

« Une armée qui n'a subi aucun revers, que la misère n'a pas encore éprouvée, pleine d'enthousiasme, et n'attendant qu'une occasion favorable pour prendre une revanche éclatante de l'inaction dans laquelle l'a plongée un blocus forcé, existe sous les murs de Metz.

« Ses cavaliers démontés, devenant de solides fantassins, servent aux avant-postes des pièces de siége ; et, remettant le sabre au fourreau pour prendre gaîment le chassepot, veulent encore être utiles et rivaliser avec leurs braves camarades de l'infanterie.

« Soldats et citoyens ! nous voulons tous chasser l'ennemi audacieux qui a osé envahir notre territoire.

« Nous voulons connaître les privations, nous voulons les endurer, nous voulons rester dignes de nos aïeux ou de nos pères, et nous trouvons que nous sommes encore bien loin d'avoir assez fait pour cela.

« Quand le froid aura raidi nos bras ! quand la faim aura amaigri nos membres ! quand le corps aura souffert ! le cœur soutiendra notre corps affaibli et nous resterons toujours debout pour crier : Vengeance ! pour demander la mort plutôt que la honte et l'humiliation.

« Et vous, habitants d'une héroïque cité, vous justement glorieux de votre ville que l'étranger n'a jamais profanée, vous souffrirez aussi avec nous parce que vous êtes Français avant tout.

« Vos nobles et fortes compagnes, qui ont si courageusement montré leur dévouement à l'armée et au pays, ont foulé aux pieds tous les intérêts personnels pour venir, en pieuses sœurs de charité, apporter des consolations aux blessés, ranimer les mourants par leurs soins assidus. Ces vaillantes femmes couronneront leur œuvre de désintéressement en supportant avec nous les privations.

« Metz, cette brave ville qui a donné naissance à tant de grands caractères, aura par sa persévérance l'honneur de sauver la Patrie.

« Elle montrera que rien ne peut l'émouvoir, et comme ses glorieuses sœurs, Strasbourg, Toul, Verdun, Montmédy, Thionville, elle luttera avec toute l'énergie du désespoir; car elle préférera devenir un monceau de pierres plutôt que de parer le domaine de l'étranger.

« Courage donc et patience !

« A bas toutes les mesquines considérations !

« A bas toutes les querelles intestines !

« Oublions pour le moment nos vieilles rancunes !

« Que tous les partis s'unissent pour la cause commune, et proférons tous ensemble le seul cri à présent national :

« Vive la France!

« G. Thomas. »

Nous regrettons de n'avoir pas sur le signataire de cette adresse des renseignements précis, mais ils nous manquent absolument. L'important du reste est de constater que, depuis le 7, l'armée était inactive, que Bazaine lui devait de franches explications, presque des justifications déjà et que Bazaine resta muet.

Les Messins déclaraient qu'ils étaient Français et voulaient à tout prix rester Français. Nous rendre, jamais! s'écriaient-ils; souffrir, mourir, oui! Et si notre ville succombe, ajoutaient ces braves patriotes, qu'on puisse dire au moins à ceux qui survivront : *Vous avez été malheureux; mais le monde s'incline devant les vaincus quand ces vaincus ont su se montrer des héros.*

VIII

De telles protestations ne pouvaient demeurer sans effet. Le 15 enfin fut publié le premier arrêté concernant la confection et la vente du pain.

La mesure était bonne, mais était prise un mois trop tard.

Nous sommes arrivés à l'époque du départ des généraux Bourbaki et Boyer. Ils quittent Metz, et Metz l'ignore. Les ordres les plus formels sont donnés aux journaux à cet égard sous peine d'une suppression immédiate et définitive. Les émissaires de Bazaine, de connivence avec le traître, disent les uns, trompés par lui, disent les autres, où vont-ils? à Tours, où se trouve le gouvernement de fait reconnu par Coffinières et par conséquent par Bazaine? Non; l'un va trouver l'ex-régente, l'autre les Prussiens. L'intrigue a remplacé la lutte, et c'est alors qu'a lieu, afin d'occuper les soldats et les Messins, la véritable comédie de la guerre. Beaucoup de bruit pour rien est la devise du conspirateur de Ban Saint-Martin.

Le 16, l'*Indépendant* publie les lignes suivantes :

« Hier, de 3 heures à 10 heures du matin, on a
« entendu une canonnade lointaine très-vive dans la
« direction de la route de Briey, entre Gravelotte et
« Saint-Privat, à quatre lieues de Metz. On parlait aussi
« de Hannonville-au-Passage ; d'autres supposaient que
« c'était dans la direction de Pont-à-Mousson. On voyait
« aussi une fumée très-forte au-dessus d'Ars. Ce ne sont
« pas les troupes du maréchal Bazaine qui ont été en-
« gagées, son armée n'ayant pas bougé depuis le 7.

« Des soldats assurent avoir entendu le bruit des mi-
« trailleuses du côté de Mars-la-Tour.

« Toute notre population est frémissante d'espoir. »

Revenant sur le même sujet, le 22, il dit :

« Un profond silence a succédé à la bruyant canon-
« nade d'avant-hier. Était-ce une attaque de Thionville
« ou de Verdun, ou une bataille réelle engagée avec des
« troupes françaises cherchant à nous joindre? c'est ce
« que la population et l'armée se demandent avec anxiété.

« Nous tenons tous à savoir la vérité. »

Hélas ! cette vérité était navrante, c'était le
complot, la trahison, la honte !

IX

Et pourtant tout le monde s'en mêlait, jusqu'aux femmes. Voici le texte de la lettre d'une ouvrière adressée à M. Ed. Mayer, le journaliste messin que les Prussiens ont fait prisonnier en entrant dans la ville. Cette lettre pourrait porter pour titre : *Plutôt mourir que capituler !*

Metz, 16 octobre 1870.

« Monsieur le rédacteur,

« J'ai cru que, dans la crise actuelle, manifester ses sentiments était non-seulement un besoin, mais un devoir, à quelque classe ou à quelque sexe que l'on appartienne ; si la femme doit généralement se borner à l'exercice des vertus simples et modestes que lui a assigné la nature, elle peut aussi, à un moment donné, revêtir les mâles et viriles vertus de l'homme : devenir *guerrier*. Le sang des Jeanne d'Arc et des héroïnes de Beauvais coule encore dans nos veines ; l'amour de la patrie fait palpiter nos cœurs, et nous sentons nos fronts rougir, et tressaillir d'indignation tout notre être à la seule pensée d'une reddition ou d'une capitulation quelconque pour notre ville. Nous répétons du fond de nos entrailles ce cri mille fois répété : *Vive la France!* nous rendre, jamais!.....

« Ennemis, sachez-le bien, si devant notre ville sont nos vaillants guerriers, si sur nos murs demeurent nos pères, nos époux, nos amis ou nos frères, derrière eux nous sommes là aussi, debout, formant un triple rempart, et ce n'est qu'en perçant nos poitrines, en marchant sur nos cendres et sur celles de nos enfants que vous parviendrez à souiller notre terre; sachez-le bien, fiers Allemands, nos mains habituées à manier l'aiguille, à panser les blessures, sauraient au besoin tenir les armes : tout est bon pour le courage; le droit et la volonté suppléent à l'inexpérience. L'honneur national avant tout, la mort plutôt que la servitude.

« L'heure du sacrifice a sonné, deux grands maux nous atteignent, l'ennemi est à nos portes, l'hiver à nos côtés. Ouvrières, nous avons à nos privations habituelles à joindre celles même du nécessaire. Qu'importe! Nous ne comptons pas avec la souffrance. Vaincre ou mourir, c'est là notre devise. *La garde meurt et ne se rend pas,* fut-il dit dans un jour de lutte suprême.

« Metz, libre ou détruite, gardera sa virginale auréole, et ce n'est que sur le dernier de ses enfants que l'étranger posera sur son sol son pied ensanglanté.

« Nous le proclamons hautement, nous serons heureuses de mourir pour lui garder sa liberté.

« Recevez, Monsieur, avec l'expression de mes sympathies, celle de mes sentiments les plus distingués.

« H. HESTAIR, *ouvrière.* »

Et c'est la ville où battaient des cœurs aussi fiers que Bazaine a vendue !

Malgré les précautions dont s'entoure Bazaine
et l'infâme rôle qu'il fait jouer à ceux qu'il force
à exécuter des simulacres de combat, Metz, dou-
loureusement préoccupée, en appelle à Bazaine
afin de connaître la vérité.

Un communiqué lui est demandé, mais vainement.

Un second arrêté publié le 21 règle la ration de
pain de la manière suivante :

<pre>
        Ration entière . . . .   300 grammes
        Demi-ration   200   id.
        Quart de ration   100   id.
</pre>

et cela :

« *Vu le décroissement rapide de nos ressources en grains
et farines.* »

La rédaction des arrêtés concernant l'alimentation laisse encore à Coffinières le loisir d'exercer
amplement sa censure. Un poète envoie quelques
vers à l'*Indépendant,* vers dédiés au 3e zouaves
à Sedan. L'auteur traite l'homme de Sedan comme
il le mérite; ces vers, qui stigmatisent Bonaparte,
sont biffés; les voici :

Ah! lorsqu'ils ont passé (les hussards) sous la loge du maître ;
Lorsque cet Augustule a vu partir ceux-là,
Rien n'a donc tressailli dans son vieux cœur de traître,
Pour lui crier : « Ta place, ô César, elle est là!
. . . .
Ceux-là sont des martyrs : *celui-là le bourreau!*

Le dernier hémistiche est également retranché. Évidemment le commandant tenait à ne pas être désagréable au prisonnier de Wilhemshœhe.

X

Le 21 octobre le prochain départ de Bazaine est annoncé non officiellement, mais il tâte l'opinion publique, tout en l'abusant par un tissu de mensonges et de promesses qui ont pour but de mener à fin la reddition de Metz et de ses défenseurs.

Le 21, Coffinières laisse publier les lignes suivantes dans le *Vœu national* :

« Il est beaucoup question en ville du départ plus ou moins probable, plus ou moins prochain, de l'armée du maréchal Bazaine. En matière si délicate nous sommes tenus à une grande réserve, et il nous serait impossible de discuter les éventualités et les ressorts du mouvement qu'on assure se préparer. Nous croyons pourtant qu'il se rattache, s'il s'exécute, à l'état général du pays, à la situation respective des armées et à d'autres considérations que nous n'aborderons pas et pour cause. »

L'*Indépendant*, de son côté, signale également le triste état des choses :

« Toujours des bruits navrants, pas de nouvelles officielles ! »

« Défions-nous de ces bruits et de ceux qui les apportent; ce sont peut-être des ruses de guerre inventées, à l'approche de l'hiver, par une armée lasse d'une campagne interminable et désastreuse.

« Si les Prussiens ne reculent devant aucun moyen pour tâcher d'en finir et d'obtenir avec Metz la clef de la France, sachons user leur patience et leurs forces, et, par une résistance désespérée, par une union de tous les partis, sauvons notre Patrie et sa Liberté.

« Depuis deux jours on n'a pas entendu un coup de canon ; une trève tacite semble exister entre les armées prussiennes et françaises. »

L'inaction de Bazaine devient tellement incompréhensible et inexplicable pour les Messins qu'ils admettent la possibilité d'une trève le 23 :

« Les forts continuent à rester muets et les avant-postes paisibles. Il y a tout au moins une trève de fait. Le départ de l'armée paraît toujours résolu. Par suite d'un arrangement intervenu, elle se retirerait avec armes et bagages, laissant à Metz une garnison suffisante. On attend toujours une proclamation, ordre du jour ou communiqué quelconque pour expliquer la situation et donner les nouvelles du dehors. »

Voici les bruits qui circulaient à Metz le 22 :

« Résumons la situation :

« On dit en ce moment, à qui veut l'entendre, que l'anarchie règne en France, et que le roi de Prusse ne veut traiter qu'avec un gouvernement constitué, celui qui existait avant le 4 septembre.

« On dit que le général Boyer, envoyé d'abord au quartier-général prussien en négociateur, serait reparti pour l'étranger. On démembrerait la France, l'Alsace nous serait enlevée ainsi que la partie allemande de notre département. La Sarre serait notre frontière.

« Il est possible que le roi de Prusse cherche à introduire en France la guerre civile ; il agit en ennemi, c'est son droit ; mais nous nous refusons à croire, jusqu'à certitude du contraire, que notre pays est en proie à l'anarchie et qu'au moment où l'invasion prussienne nous accable, un seul but, une seule pensée n'anime pas les cœurs français : le sentiment de la défense nationale.

« Nous croyons que toutes les provinces méridionales sont fédérées et reconstituent une armée qui va bientôt, peut-être, faire pencher la balance en notre faveur.

« Nous croyons que la tranquillité règne à Paris et que tous restent unis pour la défense de la capitale.

« Nous croyons que l'hiver qui s'approche est aussi un redoutable auxiliaire qui pourrait bien nous débarrasser des Prussiens.

« Espérons donc, ayons confiance : un seul jour peut changer la face des choses et transformer une marche triomphante en une déroute désastreuse.

« Notre tâche, à nous Messins, est donc toute tracée :

« Nous devons résister à outrance et conserver, à tout prix, Metz à la France comme son boulevard le plus précieux. »

La comédie continue cependant ; Coffinières assiste le 22 à la séance du conseil municipal qui a pour objet la question de l'alimentation. Six jours avant la capitulation il feignait de prendre encore souci de son salut.

Bazaine faisait semblant une dernière fois de livrer combat. Il fallait amuser les troupes, et cependant, dès le 19, la communication officielle suivante avait été déjà faite verbalement aux officiers par leurs chefs :

ARMÉE DE METZ.

Communication officielle faite verbalement aux officiers par leurs chefs, le 19 octobre 1870.

(Cette pièce a été rédigée immédiatement par quelques officiers qui se sont réunis pour contrôler entre eux leurs souvenirs ; ils en attestent l'exactitude.)

« Messieurs, je suis chargé par le général de division et de la part de M. le maréchal commandant en chef, de vous faire connaître des faits importants qui se sont produits depuis quelques jours. Les approvisionnements de la place de Metz diminuant de plus en plus, M. le maréchal Bazaine a cru devoir entrer en pourparlers avec l'ennemi. Il a désigné le général Boyer, son premier aide de camp, qui s'est rendu à Versailles au quartier-général du roi Guillaume. L'empressement avec lequel l'envoyé du maréchal a été accueilli semble prouver que les Prussiens sont très-désireux de terminer la guerre.

« Ainsi le général Boyer ayant parcouru en chemin de fer le trajet de Metz à Château-Thierry, le service des trains était interrompu afin de rendre son voyage plus rapide; à Château-Thierry une voiture aux armes du roi de Prusse l'attendait pour le transporter à Versailles. A peine arrivé, le général est reçu par M. de Bismark, qui transmet au roi sa demande d'audience; il est aussitôt introduit, et se trouve en présence d'un conseil de guerre, auquel assistent, sous la présidence du roi de Prusse, les principaux chefs de l'armée prussienne.

« Le général Boyer ayant exposé le but de sa mission, le général de Moltke prit la parole et déclara que, dans une question toute militaire, les négociations ne pouvaient être longues. L'armée de Metz devait subir le sort de l'armée de Sedan et se rendre prisonnière de guerre. M. de Bismark fit observer que la question politique devait primer la question militaire. — Je serais disposé à admettre, continua-t-il, une convention qui permettrait à l'armée de Metz de se retirer dans un point désigné du territoire français, afin d'y protéger les délibérations nécessaires pour assurer la paix. Cette idée était suggérée à M. de Bismark par les difficultés que faisait naître pour le gouvernement prussien lui-même l'absence de tout gouvernement en France.

« En effet, les renseignements recueillis par le général le long de la route auprès des chefs de gare et auprès de diverses personnes, les journaux qu'il a pu rapporter ne laissent malheureusement subsister aucun doute à cet égard : l'anarchie la plus complète règne actuellement en France; Paris investi, affamé, et sans communications extérieures, doit s'ouvrir aux Prussiens dans très-peu de jours; la discorde civile y paralyse la défense; les membres du comité de défense nationale ont été débordés. Gambetta et de Kératry sont partis en ballon, l'un est venu tomber à Amiens, l'autre à Bar-le-Duc. Le désordre est au comble dans le midi de la France. Le drapeau rouge flotte à Lyon, à Marseille, à Bordeaux.

« Une armée de volontaires bretons a été détruite du côté d'Orléans. La Normandie parcourue par des bandes de brigands, a appelé les Prussiens pour rétablir l'ordre. Le Havre, Elbœuf, Rouen, ont actuellement des garnisons prussiennes qui concourent avec la garde nationale à sauvegarder la sécurité publique. Un mouvement d'un caractère religieux a éclaté en Vendée; le Nord désire ardemment la paix. La Prusse réclame la Lorraine et l'Alsace, et plusieurs milliards d'indemnité de guerre; l'Italie réclame la Savoie, Nice et la Corse.

« Cette anarchie, le gouvernement provisoire étant dispersé, les différentes villes ne s'accordant pas quant à la forme d'un gouvernement nouveau, les d'Orléans ne s'étant pas présentés, cette anarchie cause au gouvernement prussien, disposé à traiter de la paix, des difficultés imprévues. Il ne peut songer à établir des bases de négociations qu'en s'adressant au gouvernement de fait qui existait avant le 1er septembre, c'est-à-dire à la régence.

« On ignore encore si, dans les circonstances actuelles, la régente voudra prêter l'oreille à des propositions pacifiques. Mais, en cas de refus, on ne pourrait s'adresser qu'à la Chambre des députés, issue du suffrage universel, et qui représente encore légalement la nation. Toutefois, pour que le Corps législatif qui a siégé jusqu'au 1er septembre puisse se réunir de nouveau et puisse délibérer, il faut qu'il soit protégé par une armée française. Tel est le rôle qu'aura sans doute à remplir l'armée de Metz.

« En attendant le retour du général Boyer, reparti pour Versailles avec de nouveaux pouvoirs, il est urgent de faire savoir aux troupes que la situation pénible où nous nous trouvons n'est que transitoire. L'armée sépare sa cause de celle de la ville de Metz. En attendant qu'elle puisse partir pour aller remplir une nouvelle mission patriotique, elle saura supporter courageusement encore quelques jours de privation .Si vous avez, messieurs, quelques explications nouvelles à demander, je m'empresserai de vous les donner, mais je dois vous dire qu'aucune discussion ne saurait être admise.

« Après cette allocution, écoutée dans le plus profond silence, la séance a été levée. »

De telles preuves dispensent de tout commentaire. *Scripta manent, verba volant.* Lorsque de telles infamies sont conçues, exprimées, il faut que le burin de l'histoire grave à jamais leur texte, pour qu'il inspire à tous l'horreur et le dégoût. Vos paroles ne périront pas, Maréchal.

XI.

Dans la nuit de lundi, on a entendu distinctement une fusillade très-vive pendant une heure, dans la direction du fort des Carrières, sur la route de Saulny. On se perdait en conjectures sur cette fusillade.

Une fusillade assez vive avait eté entendue aussi vers 8 heures dans les tranchées du fort des Carrières; c'était une fausse alerte, et l'ordre a été donné de cesser le feu dans les deux camps.

Faux combats, fausses alertes, faux rapports, fausses précautions, faux chefs, faux ennemis, voilà Metz !

Le 28 commencèrent les aveux publics : sans doute que la date assignée par le prince Frédéric-Charles à la reddition de la place, était proche. Les faits prouvent du reste que les Prussiens avaient acheté Metz à Bazaine fin courant.

Il faut préparer les esprits à ce moment terrible. A force de gaspillages de toute espèce on est enfin parvenu à créer une sorte de famine et on a employé pour cela les grands moyens. 17,000 sacs de farine ont été distribués aux chevaux; quant au pain, on l'a prodigué, les paysans pouvaient en acheter pendant toute la première période du siége pour des sommes tellement minimes qu'on peut dire que ce pain si précieux pour une ville investie se donnait pour rien à n'importe qui voulait en prendre : aussi le 28 peut-on annoncer l'état fâcheux des troupes :

« Tout est fini... ou va finir. Le maréchal Bazaine dont l'armée est absolument dénuée de ressources et souffre la faim est entré en pourparlers avec le prince Frédéric-Charles. La capitulation, arrêtée en principe, comprend l'armée et la ville de Metz. La discussion des articles a lieu au château de Frescaty. C'est le général de Cissey qui est chargé de la rédaction et de la réglementation des détails. La capitulation sera signée demain ou après-demain, ainsi notre malheur est complet! Nous le subirons dans l'excès de la douleur et dans l'impuissance du désespoir! »

La capitulation était déjà un fait accompli. Canrobert avait réuni plusieurs fois les généraux pour les y préparer de longue main en donnant sur le voyage du général Boyer des explications incomplètes et en fournissant aux chefs sous ses ordres des renseignements sur l'armée prussienne entièrement erronés, mais qui devaient faire accepter la capitulation; car ces renseignements dépeignaient l'armée prussienne comme inexpugnable. On doit comprendre aisément qu'une telle façon de présenter les choses, après les communications verbales que nous avons reproduites, devait influer énormément sur tous les esprits.

Néanmoins par deux fois le général Bisson demanda vainement dix mille hommes pour faire une trouée, la première afin de permettre à toute l'armée française de gagner Mézières, ou de se réfugier dans le Luxembourg; la seconde, afin d'aller chasser le prince allemand de son quartier-général. Ces offres courageuses furent repoussées, Bazaine par les propositions qu'il avait fait faire à l'ex-Impératrice s'était trop compromis pour oser rester en France. « Dis-moi qui tu hantes, je te dirai qui tu es, » dit un vieux dicton. Bazaine avait hâte de rejoindre Bonaparte à Wilhemshœhe, qu'ils doivent tous deux considérer désormais comme leur seul refuge possible.

Mais on avait promis les aigles à l'Allemagne! Comment tenir cet engagement? Jamais un colonel français ne devait consentir à livrer le drapeau de son régiment à l'ennemi. Aussi les généraux de division recevaient-ils chacun, le 28 au soir, la circulaire confidentielle suivante :

« Général,

« Veuillez donner des ordres pour que les aigles des ré-
« giments d'infanterie de votre division soient réunies,
« *ce soir*, dans le logement que vous occupez. Demain
« matin, à sept heures, elles seront transportées, par les

« soins du général-commandant l'artillerie, dans un four-
« gon fermé sous l'escorte d'un officier et de maréchaux
« des logis d'artillerie, à l'arsenal de Metz ; elles devront
« être enveloppées de leurs étuis, et vous préviendrez les
« chefs de corps que ces aigles SERONT BRULÉES à l'arse-
« nal. Le directeur de cet établissement les recevra et en
« délivrera des récépissés aux corps !

« Le maréchal de France, commandant
le 6ᵉ corps d'armée.

« Par ordre : le général chef d'état-major
général,

« (Signé) HENRY. »

Le lendemain les drapeaux passèrent dans les mains des Prussiens sauf quelques-uns, entre autres celui du 57ᵉ de ligne, dont la hampe fut brisée, l'aigle pulvérisée et l'étoffe mise en pièces par ses soldats indignés qui en firent des reliques.

Le 29 l'*Indépendant* encadré de noir, en signe de deuil, adressait à Bazaine les lignes suivantes :

« En présence de la cruelle situation que nous subis-
« sons, nous devons rester calmes et dignes. Cette fin la-
« mentable, que personne ne voulait prévoir, est arrivée
« à son heure, comme la balle lancée par un joueur ha-
« bile touche au but à l'instant calculé d'avance.

« Oui, à défaut de patriotisme, vous avez eu de l'habi-
« leté ; vous avez bien calculé les délais, bien mesuré les
« distances ; vous avez habilement ourdi le piége dans le-
« quel nous devions tomber.

« Vous nous avez bercés de belles paroles, leurrés de
« bonnes promesses. Ils sont si naïfs, ces gens de pro-
« vince ! Bien joué, maître Machiavel, vous vous êtes con-
« duit en digne disciple de ce grand homme. Vous vou-
« liez régner, et, pour ce faire, il faut dissimuler. Le lion
« messin montrait la griffe ; vous avez usé de douceur ;
« vous lui avez limé les ongles et les dents. Et ajoutant
« l'ironie à la trahison vous insultez ceux que vous avez
« vendus. Les mots : honneur, patrie, courage sont une
« insulte dans votre bouche ; vous avez le cœur placé
« trop bas pour comprendre ces sentiments. Mais vous
« avez oublié une chose : le pain de la trahison est amer,
« et l'or infâme des Judas glisse dans les mains. Ceux
« dont vous avez servi les desseins ne vous en estiment
« que moins.

« Nous vous demanderons au moins de quelles pro-
« messes on a payé la honte de la France. »

Et Metz alors ne connaissait pas encore toute
l'étendue de son malheur ; car on lisait en premier-Metz dans le même numéro :

« D'après des renseignements que nous avons tout lieu
« de croire authentiques, notre ville ne sera pas occupée
« par l'armée prussienne. Cette dernière prendrait posi-
« tion dans les quatre forts suivants, St-Privat, St-Quen-
« tin, St-Julien et Queuleu. Elle occuperait en outre la
« porte Mazelle. Les propriétés seront respectées. Une
« commission mixte, composée d'officiers français et
« prussiens, fera l'inventaire des armes et munitions
« existant dans les divers arsenaux de la ville. Il sera dé-
« cidé ultérieurement du sort de ces objets, qui resteront

« à la nation à laquelle des traités définitifs laisseront la
« ville. »

Le 30 le maire et tout le conseil protestaient
contre le désastre qui leur était imposé.

Tous les Messins s'associèrent à cette proclamation. Aux questions déjà adressées au Maréchal
par l'*Indépendant,* il n'eût pas été sans utilité d'a-
dresser encore celles-ci :

« Pourquoi M. le maréchal Bazaine n'a-t-il pas pour-
suivi le succès du 14 août contre l'armée du général
Steinmetz ?

« Pourquoi, le 16, après avoir combattu l'armée du
prince Frédéric-Charles, à Gravelotte, n'a-t-il pas conti-
nué sa marche sur Verdun ? Il le pouvait, attendu que, le
17, l'armée de Steinmetz avait pu se mettre en position
seulement en avant d'Ars-sur-Moselle et de Gorze.

« La situation eût alors été changée.

« Pourquoi, le 18, l'armée française, luttant contre les
deux armées prussiennes réunies, ne l'a-t-on pas vue sur
le champ de bataille, et pourquoi la garde a-t-elle été
tenue en dehors du combat? Elle était séparée de notre
armée par le profond ravin de Châtel, et n'est arrivée
qu'à la nuit sur le champ de bataille !

« Pendant la bataille, il se reposait à Plappeville !

« Pourquoi, le 31, a-t-il laissé le 3ᵉ corps, depuis 8
heures du matin jusqu'à 4 heures, en face de l'ennemi,
sans ordonner l'attaque, et pourquoi est-il rentré le soir
à Metz, sans s'occuper de ce que devenait son armée ?

« Pour quiconque voudra scruter ces demandes, ré-
sultera la conviction qu'alors la France eût pu être
sauvée.

« Depuis le 1er septembre, la seule occupation du maréchal Bazaine a été de démolir pièce à pièce une des plus belles armées du monde, et de la conduire à l'horrible catastrophe qui nous couvre tous de deuil et de ruines. »

La réponse est la condamnation de Bazaine. Le doute n'est plus permis ; son nom à jamais flétri sera désormais le synonyme de trahison et de vénalité.

Les Messins l'ont compris dans ce cri suprême :

Metz-la-Pucelle va voir pour la première fois de sa vie l'ennemi passer sous ses portes et pénétrer dans ses murs.

La fière cité qui, en 1815, après la capitulation de Paris, construisit un pont sur la Moselle, en dehors de la ville, plutôt que de laisser l'armée alliée passer dans l'enceinte de ses remparts, entendra le pas des chevaux et la crosse des fusils ennemis résonner sur son pavé. Ombre de Fabert, de quel œil contempleras-tu l'humiliation de ta ville chérie, et nous, oserons-nous lever encore nos regards vers ta statue, symbole du patriotisme le plus ardent !

Oui, nous sommes encore dignes de toi, dignes de vous, ô nos pères de 1792, qui alliez en sabots défendre la patrie outragée et verser votre sang pour la *Liberté* et les *Droits de l'Homme !*

Ce n'est pas nous qui capitulons; car, avant de voir l'ennemi dans nos murs, nous comptons lui faire un rempart de nos cadavres et le forcer d'enjamber cette barricade sanglante avant de chanter victoire sur nos places publiques. Mais notre volonté a été enchaînée, notre force brisée, notre courage enrayé, et quand on nous a vus impuissants et réduits à l'inaction, on est venu sonner le glas funèbre de la patrie à nos oreilles.

L'histoire un jour dira :

Il fut une ville, protégée par des forts, hérissée de canons, remplie d'une population mâle et virile; ses remparts étaient entiers, pas de traces des projectiles ennemis, nul bombardement, nul assaut, nulle tranchée ouverte, nulle parallèle, pas l'ombre d'un siége, et cette ville vit l'ennemi entrer en vainqueur dans ses murs.

Mais l'histoire aussi dira qui a fait son devoir, et de son burin d'acier elle stigmatisera en termes ineffaçables ceux sur la tête desquels doit retomber cette lourde responsabilité.

C'est devant ce tribunal que nous les attendons.

Allons, convenez-en, maréchal, tout vous accuse, vous confond, vous accable; écoutez ce que vous dit l'armée :

Communication officielle faite verbalement aux officiers par leurs chefs, le 27 octobre 1870.

(Cette pièce a été rédigée immédiatement par quelques officiers qui se sont réunis pour contrôler entre eux leurs souvenirs; ils en attestent l'exactitude.)

Le colonel a parlé en ces termes :

« La Convention dite de Londres, voulant le rétablisse-
« ment de la Régence de l'impératrice, c'est-à-dire du
« gouvernement du 4 septembre, n'a pas abouti; pas plus
« que celle qui eût donné la liberté à l'armée de Bazaine
« pour soutenir de ses armes un gouvernement quelcon-
« que, reconnu et accepté par le peuple français.
« Le maréchal recevait, presque au même moment, une
« dépêche du général Boyer et de Bismark, lui annonçant
« l'avortement de ces combinaisons.
« A ces nouvelles qui détruisaient les espérances et les
« combinaisons du maréchal Bazaine, ce dernier convo-
« qua immédiatement son conseil de guerre, qui fut con-
« sulté sur les résolutions extrêmes que l'on devait pren-
« dre.
« *A l'unanimité*, moins UNE VOIX, le Conseil décida que
« *la capitulation* était nécessaire.
« Le général Changarnier fut alors envoyé par le maré-

« chal auprès du prince Frédéric-Charles, dont le quar-
« tier-général est à Ars-sur-Moselle, pour traiter des con-
« ditions d'une capitulation que l'on espérait au moins
« honorable pour une armée vaillante qui avait tenu les
« Prussiens en échec, depuis trois mois et demi, après
« les avoir plusieurs fois vaincus.

« Après un accueil affable et cordial fait au général
« par le prince, ce dernier lui déclara que, ne faisant pas
« partie de l'armée active, il ne pouvait, en aucune façon,
« traiter avec lui des conditions de la capitulation ; que,
« dès lors, leur conversation ne devait prendre aucun
« tour politique, quel qu'il soit, et que, conséquemment,
« elle devait se borner à des détails purs et simples sur
« les événements locaux.

« C'est ainsi qu'il lui dit qu'il savait parfaitement que
« Metz n'avait plus que pour trois jours de vivres, et, lui
« montrant un train en gare, tout bardé de ravitaille-
« ments divers, il ajouta : « Voilà pour la ville de Metz et
« votre armée qui manque de tout, et nous voulons mettre
« une fin à vos souffrances. »

« Autre détail navrant : Nous avons toujours su ce que
« vous faisiez et ce que vous vouliez faire ; pour ne vous
« en donner qu'un exemple, dit le prince Frédéric, je
« vous dirai qu'aussitôt après un conseil de guerre, j'étais
« immédiatement informé de ce qui avait été décidé ; et,
« pour preuve, il cita jour par jour les propositions de tel
« ou tel commandant de corps d'armée qu'il *nomma* par
« son *nom* et les résolutions prises à la suite de ces pro-
« positions.

« Le général Changarnier retourna près du maréchal
« qui renvoya auprès du prince le général de Cissey.

« Il résulta de cette nouvelle entrevue, ceci :

« Nous avons en France 120,000 hommes. En ce mo-

« ment, une armée de 150,000 hommes est à Dijon, mar-
« chant sur Lyon.

« De même que Metz a été investi et pris par la famine,
« de même Paris succombera, de même Lyon. Nous
« ne détruisons aucune ville par bombardement ; nous
« irons à Marseille, s'il le faut, nous irons partout, par-
« tout.

« Le général de Cissey objectant que, si l'armée capitule,
« ce n'est pas une raison pour que Metz se rende, le
« prince a répondu : « Avant la déclaration de guerre,
« nous connaissions, aussi bien que vous, et dans les
« plus minutieux détails, l'état de défense de la ville.
« Alors les forts étaient à peine ébauchés, et la ville ne
« pouvait opposer qu'une faible résistance. C'est depuis
« la présence de l'armée française sous Metz que cette
« ville est devenue ce qu'elle est aujourd'hui ; ce sont vos
« hommes qui ont achevé et armé les forts. Metz, devenu
« par votre fait une place de guerre de premier ordre,
« rentre, comme conséquence, dans toutes les conditions
« d'une capitulation qui confondra, à la fois, et la ville et
« l'armée. C'est ainsi que nous le jugeons et que nous
« l'exigeons. »

« Le général de Cissey demandant si, dans les clauses
« de la capitulation, il serait ainsi fait qu'à Sedan, à sa-
« voir si les officiers seraient libres sur parole à certaines
« conditions, le prince répondit : *Non !* A Sedan, 2 géné-
« raux et 300 officiers, libres sur parole de ne pas servir
« la France contre nous, sont rentrés dans les rangs et nous
« ont combattus à nouveau ; en sorte que, pour l'armée
« de Metz, tous les officiers, indistinctement, se rendront
« sans condition.

« C'en était fait, il n'y avait plus qu'à régler les clauses
« de la capitulation, et le général Jarras, chef d'état-

« major général du maréchal, partit pour Ars, afin d'ar-
« rêter ce *nec plus ultra* de notre honte. A demain, sans
« doute, des nouvelles.

« Dans les circonstances actuelles, l'armée ne doit pas
« accepter la complicité de l'infâme capitulation à laquelle
« on l'a traîtreusement conduite. Dans son intérêt comme
« dans celui de la France régénérée, il faut que chacun
« soit responsable de ses actes, quels qu'ils soient, qu'à
« chacun soit rendue la justice qui lui est due. Il faut donc
« loyalement, franchement reconstituer l'histoire de la
« campagne, et pour ce faire le meilleur moyen de sa-
« voir la vérité, de la divulguer, nous semble être le sui-
« vant : Que dans chaque corps les officiers se réunissent
« pour nommer parmi eux une commission chargée de
« recueillir les souvenirs, les appréciations de leurs ca-
« marades; que les actes de défaillance comme les actes
« grands et louables soient enregistrés. Ces documents
« devront être publiés, et alors la France régénérée ex-
« pulsera de son sein ceux qui l'ont conduite à sa
« ruine. »

Oui, voilà ce que vous a dit l'armée, et voilà ce
que vous dit le peuple, voilà ce que nous vous disons nous-mêmes :

Maréchal, en feignant de combattre la Prusse,
vous nous trompiez; en paraissant reconnaître le
gouvernement de la défense nationale, vous nous
trompiez; en semblant ménager nos ressources
et sauver notre honneur, vous nous trompiez encore; et, enfin, en cherchant à vous défendre et à
laver votre front de la plus honteuse accusation

qui puisse frapper un homme de guerre, une dernière fois, maréchal, je le répète : Vous nous avez trompés !

Où, quand et comment avez-vous fait un suprême effort pour briser les lignes fortifiées de l'ennemi, pour parler maintenant de le renouveler ? Jusqu'au 8 octobre vous n'avez fait que des sorties pour rire. Dans la soirée du 8 vos troupes avaient forcé les lignes ennemies que vous présentez comme si redoutables, et vous avez fait sonner la retraite. Depuis ce jour vous êtes resté blotti dans votre quartier-général, et l'armée demeurait immobile. C'est que, pendant ce temps, vous préparez l'horrible tragédie, « la capitulation de Metz ! » Dans l'espérance d'une restauration impossible, le hibou de Sedan avait fait miroiter à vos yeux l'appât de la régence : votre ambition nous a tous livrés. Vous espériez vous appuyer sur cette brave armée pour renouveler le crime de Décembre.

Cherchant à vous étourdir vous-même au moment de livrer Metz-la-Pucelle et ses braves défenseurs, c'est à l'orgie que vous demandiez le triste courage de poursuivre jusqu'au bout votre tâche ténébreuse.

Des femmes au camp ! du vin dans les verres ! les bonapartistes ne peuvent s'en passer. Allons, trinquons, messieurs : c'est la Prusse qui payera les frais de nos agapes !

Vous le savez bien comme nous, maréchal ; ce n'est point discipliner ses troupes, que de permettre l'introduction des drôlesses aux camps ; ce n'est pas faire son devoir de général en chef que d'y tolérer la débauche ; mais convenez-en, maréchal, vous n'aviez qu'un but : énerver l'armée, abrutir ses chefs. Vous suiviez en cela l'exemple de votre indigne maître qui, pendant vingt années, a amoindri la France, la nation intelligente et belliqueuse par excellence, par des moyens analogues

Votre ambition vous a trahi, maréchal, vous vouliez être nommé régent de France ; mais les Bonapartes, qui deux fois ont produit l'invasion, sont bannis à jamais de notre territoire ; leur nom est devenu l'équivalent de honte et de malheur, et la punition du prisonnier de Wilhemshœhe comme la vôtre sera d'assister, bannis et maudits, à la régénération du grand peuple dont vous méditiez l'esclavage, par l'indépendance et la liberté.

Tandis que Metz a été livrée par vous, Paris, puisant dans votre trahison une énergie nouvelle, repousse l'armistice et jure de résister, dût-il s'ensevelir sous la ruine de ses splendeurs. La France entière se lève et ne pousse qu'un cri : Résistons !

La République-Salut plane sur la nouvelle armée, fidèle et vaillante, et la gloire des courageux et des sincères augmente encore la honte des pervertis et des traîtres!

Malédiction sur eux !

FIN

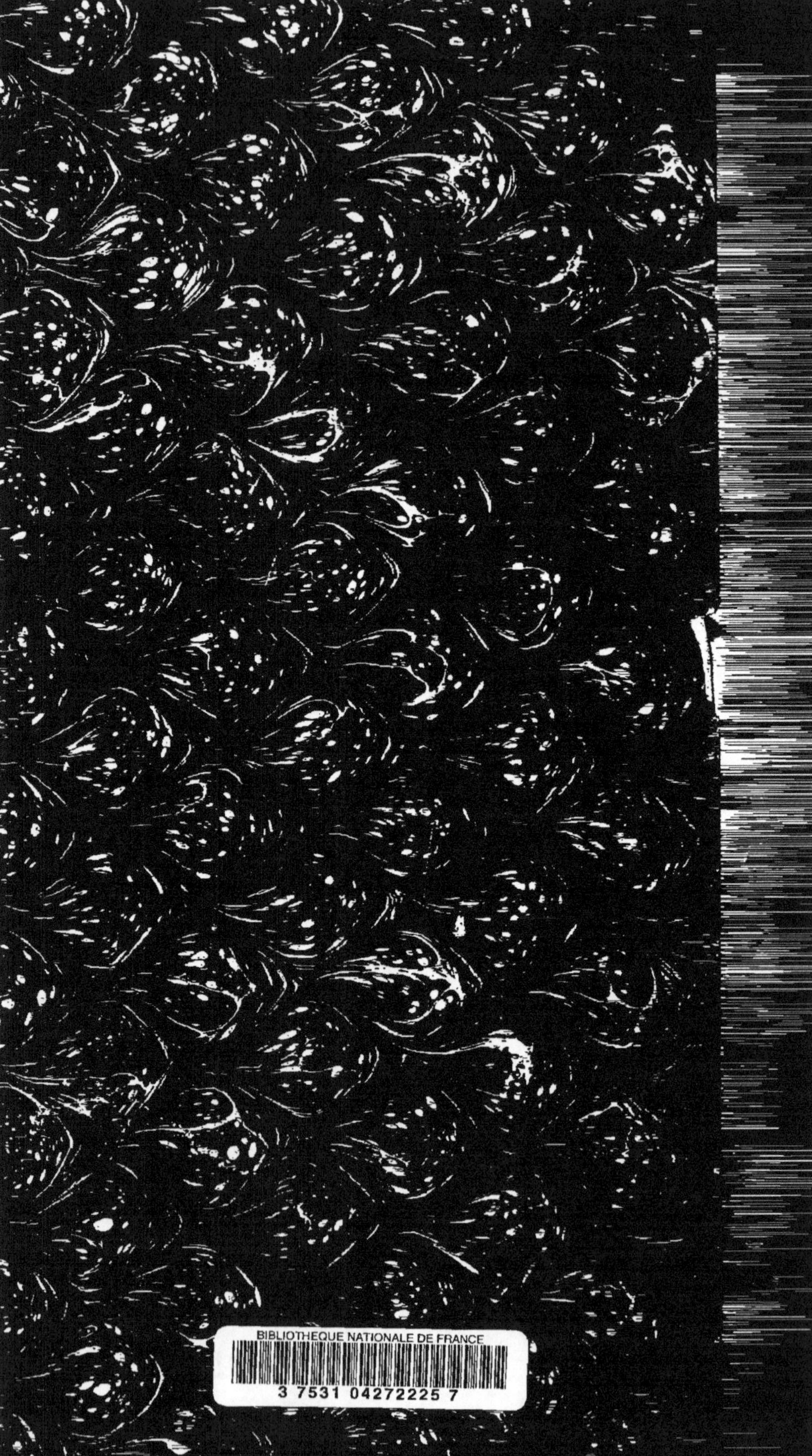